Ismar de Oliveira Soares

Educomunicação

o conceito, o profissional, a aplicação

contribuições para
a reforma do Ensino Médio

Dados Internacionais de Catalogação na Publicação (CIP)
(Câmara Brasileira do Livro, SP, Brasil)

> Soares, Ismar de Oliveira
> Educomunicação : o conceito, o profissional, a aplicação : contribuições para a reforma do ensino médio / Ismar de Oliveira Soares. – São Paulo : Paulinas, 2011. – (Coleção educomunicação)
>
> ISBN 978-85-356-2752-7
>
> 1. Comunicação na educação   2. Ensino médio - Brasil   3. Reforma de ensino - Brasil   I. Título.   II. Série.
>
> 10-13347   CDD-371.1022

Índices para catálogo sistemático:
1. Comunicação na educação : Reforma do ensino médio   371.1022
2. Educomunicação : Reforma do ensino médio : Educação   371.1022

3ª edição – 2014

Direção-geral:
Flávia Reginatto

Editora responsável:
Luzia M. de Oliveira Sena

Copidesque:
Mônica Elaine G. S. da Costa

Coordenação de revisão:
Marina Mendonça

Revisão:
Ana Cecilia Mari

Direção de arte:
Irma Cipriani

Assistente de arte:
Sandra Braga

Gerente de produção:
Felício Calegaro Neto

Projeto gráfico:
Wilson Teodoro Garcia

Nenhuma parte desta obra poderá ser reproduzida ou transmitida por qualquer forma e/ou quaisquer meios (eletrônico ou mecânico, incluindo fotocópia e gravação) ou arquivada em qualquer sistema ou banco de dados sem permissão escrita da Editora. Direitos reservados.

Paulinas
Rua Dona Inácia Uchoa, 62
04110-020 – São Paulo – SP (Brasil)
Tel.: (11) 2125-3500
http://www.paulinas.org.br – editora@paulinas.com.br
Telemarketing e SAC: 0800-7010081

© Pia Sociedade Filhas de São Paulo – São Paulo, 2011

O presente livro reflete o trabalho de investigação científica do NCE/USP - Núcleo de Comunicação e Educação da Universidade de São Paulo, tendo contado, no levantamento dos dados, com a colaboração dos seguintes pesquisadores: *Carlos Eduardo Lourenço, Christiane Pereira Martins, Cláudia Mogadouro, Cláudio Messias, Cleivânia Lima de Almeida, Daniele Próspero, Drica Guzzi, Eduardo Monteiro, Eliana Nagamini e Paolo Alejandro Miranda Baéz.*

Sumário

Prefácio 7

Introdução 11

1. Educomunicação: a busca do diálogo entre a educação e a comunicação 15

2. Os jovens e a comunicação: desafios para a educação 23

3. Educomunicação: de experiência alternativa a política pública 33

4. Educomunicação: ecossistema comunicativo e áreas de intervenção 43

5. A educomunicação no debate sobre a política educacional 51

6. O educomunicador, a um só tempo: docente, consultor, pesquisador 61

7. Tratamento educomunicativo para o tema do meio ambiente 73

8. Retomando a proposta de ação educomunicativa no Ensino Médio 83

9. Um ponto de partida 95

Referências bibliográficas 97

Prefácio

Por uma educação que entenda o jovem: a contribuição da Educomunicação

Há uma falsa dicotomia quando, no Brasil, parte da imprensa especializada ou mesmo dos chamados "formadores de opinião" separa, folcloricamente, as qualidades da "educação privada de alto nível" dos "absurdos que acontecem nas escolas públicas".

Existem muito mais desafios comuns a serem vencidos nesses dois universos do que diferenças. Essas são bem sutis. O mesmo olhar míope se revela quando os jovens das periferias das grandes cidades são colocados como sujeitos diferentes, em sua essência, daqueles das classes sociais mais altas.

Presenciei um verdadeiro espanto por parte dessa mesma camada de formadores de opinião, quando comecei a misturar, nesses dois universos caricatos, o jornalismo, então minha única profissão, com a educação, sobre a qual estudava e aprendia a cada dia. Há dez anos, ainda não tinha um olhar sistêmico sobre a educomunicação, e nem profundidade sobre o tema, mas percebia que havia mudanças que as práticas ligadas a esse novo campo despertavam no jovem, na escola e na comunidade que serviam aos dois mundos; e aos poucos descobriria que não eram dois os mundos, mas apenas um.

Os desafios de uma educação que faça sentido para os jovens, que os envolva no fazer educativo, que reúna profissionais qualificados e que faça da escola parte de um sistema de aprendizado em tempo integral estão presentes na escola privada e na pública.

Afinal, o que está sendo colocado em cheque pela sociedade, quando estudantes brasileiros passam a ocupar as péssimas posições em avaliações internacionais como o PISA (Programa Internacional de Avaliação de Alunos), ou quando "educar para a vida" passa a ser apenas um chavão comercial para apenas atrair alunos a determinadas instituições, é o próprio DNA sobre o qual educação foi construída – que não escolhe classe social.

Grande parte dos jovens que entram no Ensino Médio não o conclui. Recente pesquisa da Fundação Getúlio Vargas do Rio de Janeiro

(FGV-RJ), atentando à evasão do jovem da escola, mostrou o óbvio: o desinteresse do jovem pela escola. Quarenta por cento dos jovens de 15 a 17 anos que deixam de estudar o fazem simplesmente porque acreditam que a escola é desinteressante. A necessidade de trabalhar é apontada como a segunda causa de evasão, com 27% das respostas, e a dificuldade de acesso à escola aparece com 10,9%.

Isso evidencia que as mentes e corações desses jovens que fervem nas descobertas da sexualidade, na realidade virtual das navegações pelo mundo da internet, nos dilemas do conflito de gerações em casa, no quase inevitável primeiro contato com as drogas, nas responsabilidades e decisões a serem tomadas e na necessidade pungente de conseguir um pouco de dinheiro, não encontram reverberação alguma nas aulas de Matemática, Português ou Geografia do velho modelo curricular escolar. A escola hoje repele e joga contra as experiências mais interessantes que a adolescência proporciona ao indivíduo. A escola está distante do jovem.

Aqui podemos cair na tentação de defender um ensino totalmente "prazeroso", utópico no seu fazer, e que não exija muito do educando, não impondo a ele desafios. Estaríamos assim repetindo um erro, ao distanciar novamente a educação da realidade da vida real, essa muitas vezes difícil.

Na verdade, uma educação eficiente precisa inserir-se no cotidiano de seus estudantes e não ser um simulacro de suas vidas. Fazer sentido para eles significa partir de um projeto de educação que caminhe no mesmo ritmo que o mundo que os cerca e que acompanhe essas transformações. Que entenda o jovem. E não dá para entendê-lo, sem sequer escutá-lo.

Experiências que reúnem essas características já existem – não se trata de nenhuma invenção de última hora. Elas já pulsam vibrantes em escolas e comunidades de todo o Brasil (muitas públicas e poucas privadas), melhorando índices regionais da qualidade de ensino e reaproximando os jovens da escola. Em comum, utilizam a educomunicação como base de seus trabalhos.

Seja produzindo jornais escolares no Ceará, com a ONG Comunicação e Cultura, programas de rádio em São Paulo, com o NCE (Núcleo de Comunicação e Educação) da Universidade de São Paulo ou filmes, nas comunidades de Recife e Olinda, com o Auçuba, os jovens têm encontrado sentido no aprendizado e expressado seus anseios e opiniões sobre o universo que os cerca.

Quando iniciei os trabalhos com educomunicação, havia um dizer quase profético de que "um dia produziremos comunicação o tempo inteiro, de forma fácil e ágil". Hoje isso é o óbvio ululante. Os trabalhos em educomunicação têm hoje um papel fundamental em canalizar essas habilidades já evidentes para a produção de mídia de qualidade, marcada pela criatividade, motivação, contextualização de conteúdos, afetividade, cooperação, participação, livre expressão, interatividade e experimentação.

Em 2006, as práticas pioneiras de educomunicação no país formaram a rede de experiências CEP (em Comunicação, Educação e Participação) justamente com o intuito de refletir sobre sua prática e desenvolver modelos de políticas públicas. A rede já deu alguns passos importantes no sentido da melhora da educação pública do Brasil. Pautou, por exemplo, o programa de educação integral do governo federal, que passou a considerar a educomunicação como uma das opções de atividades no contraturno escolar. Isso levou projetos em educomunicação para mais de cinco mil escolas em todo o país.

Mas a oportunidade mais crucial para uma profunda transformação na maneira de educar reside na flexibilização do *curriculum* escolar. O projeto de Ensino Médio Inovador, aberto pelo MEC, anima muito, se lido separadamente do contexto atual da educação nacional. Propõe uma revolução nos velhos "engavetamentos" e isolamentos das disciplinas, sugerindo um trabalho por áreas de conhecimento, ou seja, uma organização matricial dos saberes e fazeres. Nessa matriz, há um espaço potencial para que habilidades específicas funcionem como enzimas do aprendizado. Ou seja, a educomunicação pode ocupar justamente esse espaço de animação.

No entanto, no universo da educação muito já foi pensado, e pouco se tornou política pública e perdurou. O trabalho por projetos, a interdisciplinaridade, as habilidades e competências, as possibilidades abertas pela LDB (Lei de Diretrizes e Bases) não são novidade. Viabilizá-las é, sim, o grande desafio. Eis o ouro que representa este brilhante estudo do Prof. Ismar de Oliveira Soares, coordenador do NCE/USP e um dos responsáveis pela criação, na USP, da Licenciatura em Educomunicação: traz uma peça importante do quebra-cabeça de como torná-lo possível.

Mas, para que políticas públicas que envolvam a educomunicação não fiquem restritas a uma pequena parcela das escolas brasileiras, outras peças desse quebra-cabeça complexo têm que ser mexidas no campo da macropolítica: a formação de profissionais-educomunicadores é uma delas. O financiamento adequado é outra grande questão.

A pergunta, básica, portanto, volta a ser: que educação queremos? Temos no livro *Educomunicação: o conceito, o profissional, a aplicação* uma bem construída proposta que parte de um princípio nobre: uma educação que dê voz e entenda o jovem. Para chegarmos a isso em escala substancial na realidade, há uma lição de casa enorme, mas possível, sobre a qual gestores, universidades e sociedade civil têm que se debruçar. O desafio está jogado para a rede pública, as escolas privadas e as comunidades.

As práticas ligadas à educomunicação, como mostra esta publicação, têm mostrado que podem, no ambiente da escola pública ou particular, no *curriculum* ou no contraturno, estimular um projeto de ensino que tenha no jovem a sua peça central.

Manter o jovem numa escola que o compreenda, em médio prazo, terá impacto, inclusive, no desenvolvimento econômico e social de um país que já sofre com a baixa escolarização de seus trabalhadores.

Alexandre Le Voci Sayad
Jornalista e educomunicador
Secretário executivo da Rede CEP
(Comunicação, Educação e Participação)

Introdução

O conceito, o profissional, a aplicação

O *conceito*

Um livro-síntese vem sendo solicitado por uma quantidade crescente de agentes culturais, educadores, comunicadores e estudantes, principalmente por aqueles envolvidos com o estudo das práticas que o Núcleo de Comunicação e Educação da ECA/USP afirma ser a *educomunicação*.[1]

Desde que o termo apareceu publicado, pela primeira vez, em 1999,[2] para designar um novo campo de intervenção social, coube à revista *Comunicação & Educação*[3] cumprir o papel de elucidar os diferentes componentes do conceito. Igualmente, o diálogo com os especialistas da América Latina e da Europa tem sido realizado principalmente através de participação em congresso, ao que se soma a veiculação de artigos em revistas e livros.[4]

A presente obra cumpre a tarefa de realizar uma síntese parcial, atendendo uma demanda específica: o debate sobre a relação entre juventude, educação e práticas educomunicativas. Preocupa-se, pois, com

---

[1] O neologismo *Educommunication* havia sido pautado, nos anos 1980, pela UNESCO, como sinônimo de *Media Education*, para designar todo o esforço do campo educativo em relação aos efeitos dos meios de comunicação na formação de crianças e jovens. Entre 1997 e 1999, o Núcleo de Comunicação e Educação da USP realizou uma pesquisa, com fomento da FAPESP, junto a 176 especialistas de 12 países da América Latina, identificando a vigência de uma prática mais abrangente no seio da sociedade civil, que tomava a comunicação como eixo transversal das atividades de transformação social. Passou, então, o NCE/USP a ressemantizar o termo *educomunicação* para designar o conjunto destas ações que produzem o efeito de articular sujeitos sociais no espaço da interface comunicação/educação. No caso, à leitura crítica da mídia e à produção midiática por jovens soma-se o conceito de gestão da comunicação nos espaços educativos.

[2] A conclusão da pesquisa a que se refere a nota 1 foi publicada, em 1999, na revista *Contato*, em Brasília. Os resultados da mesma pesquisa aparecem, em seguida, na Colômbia, nos Estados Unidos (2000) e na Itália (2002).

[3] O primeiro texto da série saiu na revista *Comunicação & Educação*, no ano 2000, com o artigo intitulado: "Educomunicação: um campo de mediações".

[4] Dez anos depois do texto inaugural, circulou em Bogotá, na revista *Nónadas*, um artigo relembrando que os fundamentos do conceito se estabelecem na utopia latino-americana por uma sociedade em diálogo, com o título: "Caminos de la educomunicación: utopias, confrontaciones, reconocimientos". O mesmo artigo foi inserido na coletânea publicada em Madri, Espanha, em 2010.

o exercício profissional do educomunicador no espaço do ensino básico, deixando para futuras publicações o trabalho do novo profissional junto às organizações do terceiro setor e à mídia.

Na verdade, o tema do exercício profissional do especialista na interface comunicação/educação no espaço do ensino formal nos preocupa desde meados de 1990.[5] Defendíamos, na época, a tese segundo a qual a especificidade das ações comunicativas inerentes à formação da juventude, numa sociedade complexa, necessitava da compreensão e do atendimento contextualizado de um especialista e encontrávamos em sua ausência – seguindo a mesma lógica – a explicação para o reconhecido fracasso do sistema educacional em suas tentativas, por exemplo, de introduzir as tecnologias no Ensino Médio, como previa a própria Lei de Diretrizes e Bases, de 1996. Hoje, o MEC busca sanar esta lacuna, introduzindo, através do Programa Mais Educação, dez áreas de atividades opcionais para a inscrição de projetos por parte das escolas interessadas em participar do Programa Ensino Médio Inovador, de tempo integral, entre as quais a área da "Comunicação e Uso de Mídias", no âmbito da Educomunicação.

Mas, afinal, o que é a educomunicação? O presente livro dedica três capítulos ao tema: o capítulo 3: *Educomunicação: de experiência alternativa a política pública*, mostrando que a origem do conceito vincula-se à prática social consolidada na América Latina ao longo da segunda metade do século XX; o capítulo 4: *Educomunicação: ecossistema comunicativo e áreas de intervenção*, apontando a natureza do conceito enquanto um conjunto de ações voltadas a criar e desenvolver ambiências favorecedoras do diálogo social, mediante um conjunto de ações em vários subcampos: a "educação para a comunicação", a "mediação tecnológica", a "expressão comunicativa", a "pedagogia da comunicação" e a "gestão dos processos comunicativos em espaços educativos"; finalmente, o capítulo 5: *A Educomunicação no debate sobre a política educacional*, voltado a comentar a natureza política da educomunicação e as oportunidades que oferece no sentido de motivar a comunidade educativa a se expressar, encurtando caminhos em direção ao envolvimento de docentes e estudantes na construção de uma prática educativa inovadora.

---

[5] Entre 1993 e 1997, publicamos uma série de artigos sobre o tema em revistas como *Tecnologia Educacional*, da Associação Brasileira de Tecnologia Educacional, do Rio de Janeiro, ou em livros como *Temas contemporâneos em comunicação*, da Intercom, coordenado pela Profa. Maria Immacolata Vassalo de Lopes.

O profissional

O tema do exercício profissional é contemplado no capítulo 6: *O educomunicador, a um só tempo: docente, consultor, pesquisador*. O texto parte do princípio segundo o qual, definida a natureza do conceito e guardada a indispensável fidelidade epistemológica (coerência entre teoria e prática), é possível identificar os espaços de atuação do profissional. Ao apontar os três possíveis âmbitos, o livro materializa a realidade operacional de uma prática que se concretiza a partir da legitimação do conceito.

Assim, a docência é o primeiro caminho possível de ser seguido. No caso, como já afirmado, a LDB abre espaço a fim de acolher um professor de comunicação no Ensino Médio, para a área de conhecimento identificada como "Linguagem e suas tecnologias". Sendo assim, uma formação universitária que permita ao interessado dominar as teorias e os procedimentos próprios dos universos da comunicação social e da educação faz muito sentido.

A consultoria ou assessoria relaciona a prática educomunicativa aos espaços de onde é originária: os embates da vida em sociedade, no fazer cotidiano das pessoas e organizações. A presença do profissional da educomunicação no trabalho das ONGs já é fato consolidado. Em geral, autodidatas, tais profissionais têm formação universitária em algum campo da área de humanidades. Ao menos, foi o que demonstrou a pesquisa que o NCE realizou, em 12 países da América Latina, entre 1997 e 1999. Nesse sentido, um programa de formação de educomunicadores deve levar em conta as diferentes maneiras do exercício de consultorias.

Quanto à pesquisa, todo educomunicador necessita de seus referenciais e metodologias, considerando-se que a prática do planejamento pressupõe formação para a coleta e o tratamento de dados e indicadores. O capítulo 2 do presente livro: *Os jovens e a comunicação: desafios para a educação* foi possível justamente graças à costura de dados de pesquisas sobre a relação entre o jovem e os universos da educação e da comunicação.

A aplicação

Educomunicação é essencialmente práxis social, originando um paradigma orientador da gestão de ações em sociedade. Não pode ser reduzida a um capítulo da didática, confundida com a mera aplicação das TICs (Tecnologias da Informação e da Comunicação) no ensino. Nem mesmo ser identificada com alguma das áreas de atuação do próprio campo, como a "educação para e com a comunicação" (media e educação). Tem lógica própria, daí sua condição de campo de intervenção social. No caso, a universidade – com suas pesquisas e sua docência – tem muito a identificar e a desvendar.

Os capítulos 1: *Educomunicação: a busca do diálogo entre a educação e a comunicação*; 7: *Tratamento educomunicativo para o tema do meio ambiente*, e 3: *Retomando a proposta de ação educomunicativa no Ensino Médio* desenvolvem conceitos e propostas no âmbito da aplicação do conceito a uma realidade dada: o Ensino Médio.

O leitor verá que o grande problema que ronda o Ensino Médio é o da gestão da comunicação em seus diferentes espaços, impedindo ou dificultando algo de fundamental importância na sociedade contemporânea: a expressão, a autoestima e a criatividade.

Prof. Dr. Ismar de Oliveira Soares

1. Educomunicação: a busca do diálogo entre a educação e a comunicação

A inauguração, no espaço da Universidade de São Paulo, da primeira Licenciatura em Educomunicação do país, no início da segunda década do século XXI, associada às demandas por material de referência para o estudo da inter-relação comunicação/educação e da ação educomunicativa, motivou a escrita deste livro.

Partimos da premissa de que a educomunicação, conceito que – no entendimento do Núcleo de Comunicação e Educação da USP – designa um campo de ação emergente na interface entre os tradicionais campos da educação e da comunicação, apresenta-se, hoje, como um excelente caminho de renovação das práticas sociais que objetivam ampliar as condições de expressão de todos os seguimentos humanos, especialmente da infância e da juventude.

Ampliar as condições de expressão da juventude como forma de engajá-la em seu próprio processo educativo é uma meta que vem sendo perseguida, no Brasil e no exterior. É o que revela o mais recente livro referendado pela Unesco e dedicado ao tema da relação entre infância/juventude e a comunicação, intitulado *Youth Engaging with the World: Media, Communication and Social Change* (Unesco, Nordicom, Sweden, 2009), quando aponta para o fato de que as novas gerações, quando orientadas por adultos significativos para elas (pais, professores, gestores de projetos na área da mídia e educação), têm optado por assumir suas responsabilidades na construção de um mundo mais intensamente comunicado, contribuindo para que os meios de informação estejam a serviço da edificação de uma sociedade mais humana, pacífica e solidária.

Nesse contexto, a questão da relação entre o ensino, a juventude e o mundo da comunicação encontra-se no centro deste processo formativo, por natureza transformador, bem como no centro dos sonhos dele decorrentes, entre os quais o pleno acesso das novas gerações ao mundo da comunicação e de suas tecnologias, colocado a serviço do bem comum e da prática da cidadania.

No campo do ensino, atitudes de mudança ante as tecnologias da informação e da comunicação já estavam, na verdade, previstas nas metas estabelecidas, em meados da década de 1990, pelas diretrizes propostas na LDB para o Ensino Médio, as quais previam que esta modalidade de ensino abandonasse a perspectiva conteudista e fragmentada que a caracteriza para adotar uma visão interdisciplinar de ensino, baseada em três áreas de conhecimento (Linguagens, Códigos e suas Tecnologias; Ciências Humanas e suas Tecnologias; Ciências da Natureza, Matemática e suas Tecnologias).

O documento do Ministério da Educação parte da premissa segundo a qual *a produção contemporânea é essencialmente simbólica e o convívio social requer o domínio das linguagens como instrumentos de comunicação e negociação de sentidos*. Ao descrever, por exemplo, a área das "Linguagens", o texto do MEC afirma, expressamente: "Importa ressaltar o entendimento de que as linguagens e os códigos são dinâmicos e situados no espaço e no tempo, com as implicações de caráter histórico, sociológico e antropológico que isso representa". Por isso, adianta o documento, é "relevante considerar as relações com as práticas sociais e produtivas e a inserção do aluno como cidadão em um mundo letrado e simbólico". Como consequência, "no mundo contemporâneo, marcado por um apelo informativo imediato, a reflexão sobre a linguagem e seus sistemas (que se mostram articulados por múltiplos códigos) e, ainda, sobre os processos e procedimentos comunicativos possibilitados pelas formas de linguagem, são, mais do que uma necessidade, uma garantia de participação ativa na vida social, a cidadania desejada".[1]

Temos, assim, como aceito por um órgão definidor das políticas públicas da educação, que *os processos e procedimentos comunicativos possibilitados pela linguagem são uma garantia de participação ativa na vida social*. Pois bem, é disso, justamente, que o presente livro trata, buscando atualizar estes conceitos, a partir da contribuição das pesquisas que apontam para uma nova realidade: a relação entre a educação e as práticas da comunicação, dependendo de seu ritmo e de sua abertura para a dialogicidade, pode ser intensa o suficiente para provocar a superação da dicotomia que tradicionalmente subordina uma área à outra, impedindo que apelos como o da própria LDB sejam levados à prática com a seriedade que merecem. Esta é a perspectiva que adotamos ao examinar, mais detidamente, no final do livro, o caso da reforma do Ensino Médio, pretendida pelo Ministério da Educação.

---

[1] Ver documento completo do Ministério da Educação. Disponível em: <http://www.mec.gov.br/pcn>.

Para facilitar o entendimento do objeto sobre o qual se debruça o livro, adiantamos as linhas de articulação teórico-práticas que facilitam o aprofundamento do diálogo entre a educomunicação e o sistema de ensino. São elas:

1ª **Pressupostos.** Para construir o diálogo entre os dois campos, partimos de dois axiomas: o primeiro afirma que a educação só é possível enquanto "ação comunicativa", uma vez que a comunicação configura-se, por si mesma, como um fenômeno presente em todos os modos de formação do ser humano. No caso, o tipo de comunicação adotado passa a emprestar identidade ao processo educativo, qualificando-o (por exemplo, a expressão "educação bancária", utilizada por Paulo Freire, aponta para a adoção de uma maneira vertical de disseminar/transferir conteúdos; já a denominada "educação dialógica" representa o esforço para se obter uma construção solidária e compartilhada de conhecimentos). O segundo axioma afirma que toda comunicação – enquanto produção simbólica e intercâmbio/transmissão de sentidos – é, em si, uma "ação educativa". No caso, diferentes modelos de comunicação determinariam resultados educativos distintos. Como consequência, defendemos a tese segundo a qual uma comunicação essencialmente dialógica e participativa, no espaço do ecossistema comunicativo escolar, mediada pela gestão compartilhada (professor/aluno/comunidade escolar) dos recursos e processos da informação, contribui essencialmente para a prática educativa, cuja especificidade é o aumento imediato do grau de motivação por parte dos estudantes, e para o adequado relacionamento no convívio professor/aluno, maximizando as possibilidades de aprendizagem, de tomada de consciência e de mobilização para a ação. A essa precondição e a esse esforço multidisciplinar denominamos educomunicação.

2ª **Educomunicação como campo de interface.** Os olhares dos campos secularmente estabelecidos da educação e da comunicação se entrecruzam com certa frequência. Ainda que se entendam, ambos, como fenômenos distintos, a interconexão entre eles é requerida pelas próprias exigências da vida em sociedade. No confronto ou na cooperação, constroem, um ante o outro, juízos de valor e indicadores de avaliação, permitindo que cada qual se distinga e se afirme socialmente.

A título de exemplo: diante de uma mídia que se sente livre para produzir e divulgar o que convém ao tipo de relação que mantém com o mercado, a educação se previne e cria programas de análise crítica das mensagens em circulação; por sua vez, a comunicação, desobrigada do ensino formal, não se furta em conduzir a formação de hábitos e valores de seus públicos, através do entretenimento e de uma publicidade especificamente dirigida ao segmento infantojuvenil. Em outras palavras, os campos da comunicação e da educação, simultaneamente e cada um a seu modo, educam e comunicam.

A educomunicação, ao reconhecer e codividir tais preocupações, situa-se a partir de seu lugar específico, que é a interface. Reconhece, em primeiro lugar, o direito universal à expressão, tanto da mídia quanto de seu público. No caso, mais especificamente o direito do público, levando em conta que o sistema vigente desconsidera esta hipótese. Em decorrência, fará todo esforço necessário para ampliar o potencial comunicativo dos membros da comunidade educativa e – no contexto de seu espaço privilegiado, que é a escola – de todos os membros desta comunidade, sejam docentes ou discentes, ou, ainda, a comunidade do entorno.

Esta é a razão pela qual se afirma que o eixo das relações comunicacionais entre pessoas e grupos humanos converte-se no hábitat natural da educomunicação. Sua função é a de qualificar tais relações a partir do grau de interação que for capaz de produzir. Conceitos como democracia, dialogicidade, expressão comunicativa, gestão compartilhada dos recursos da informação fazem parte de seu vocabulário. Está presente onde práticas de comunicação se manifestam com consequências para a vida em sociedade: na família, na escola, na empresa, na própria mídia.

Pelo que foi dito, a educomunicação não diz respeito imediata ou especificamente à educação formal nem é sinônimo de "Tecnologias da Educação" (TE), ou mesmo de Tecnologias da Informação e da Comunicação (TICs). No entanto, a escola se apresenta como um espaço privilegiado de aprendizagem a respeito dos benefícios da adoção desse conceito. Com relação às tecnologias, o que importa não é a ferramenta disponibilizada, mas o tipo de mediação que elas podem favorecer para ampliar os diálogos sociais e educativos.

3ª A educomunicação nos distintos âmbitos da prática educativa. A presença da prática educomunicativa na mídia, no terceiro setor, na família ou mesmo numa empresa será objeto de outro livro. Neste, voltamo-nos especificamente para a relação do conceito com o mundo da educação formal. Assim, em decorrência da perspectiva filosófica que adotamos, propomos que a relação da educomunicação com a escola seja pensada em três âmbitos distintos, superando visões reducionistas de simplesmente contrapor/aliar educação e mídia:

1º No *âmbito da gestão escolar*, convidando a escola a identificar e, se necessário, a rever as práticas comunicativas que caracterizam e norteiam as relações entre a direção, os professores e os alunos no ambiente educativo.

2º No *âmbito disciplinar*, sugerindo que a comunicação, enquanto linguagem, processo e produto cultural (seus sistemas, linguagens e tecnologias), se transforme em conteúdo disciplinar, isto é, em objeto específico do currículo no âmbito da área denominada "Linguagens, Códigos e suas Tecnologias" (este é o foco disciplinar dos programas internacionalmente conhecidos como *media education, media literacy, educación en medios*).

3º No *âmbito transdisciplinar*, propondo que os educandos se apoderem das linguagens midiáticas, ao fazer uso coletivo e solidário dos recursos da comunicação tanto para aprofundar seus conhecimentos quanto para desenhar estratégias de transformação das condições de vida à sua volta, mediante projetos educomunicativos legitimados por criatividade e coerência epistemológica.

Incluímos neste âmbito as atividades extraclasses e aquelas que se realizam no espaço do tradicionalmente denominado "contraturno", nos programas da Escola Integral, mediante a realização tanto de exercícios práticos (oficinas regulares de ações educomunicativas) quanto de mobilizações voltadas à socialização das experiências vivenciadas (mostras, seminários e encontros).

4ª **A formação do professor-educomunicador.** Os preconceitos e confrontos entre, de um lado, o mundo da comunicação/suas tecnologias e, de outro, o universo da educação/suas didáticas permaneceram tão arraigados, por tanto tempo, que a sociedade não se deu conta da necessidade de formar os educadores para dominar as linguagens produzidas socialmente na construção da cultura contemporânea. Hoje, faz pouco sentido suprir a carência dos docentes com uma formação ligeira – "oficineira" – sobre como operar equipamentos. Na verdade, o universo da comunicação representa, na contemporaneidade, um mundo de cultura que jamais poderia ser reduzido a um conjunto de ferramentas. A proposta educomunicativa é facultar ao sujeito educador que se transforme, sem receios e com desenvoltura, em sujeito educomunicador. Torna-se necessário, pois, que sejam adotadas políticas que facilitem a formação desse novo docente-educomunicador – como vem ocorrendo com o curso a distância Mídias na Educação, do MEC –, garantindo que os professores dominem os conhecimentos sobre a cultura midiática, familiarizando-se, por outro lado, com o uso que o campo da comunicação faz das suas tecnologias e linguagem.

No entanto, enquanto não forma seu próprio pessoal, é indispensável que o Estado encontre caminhos legais que facilitem a colaboração sistemática de especialistas externos ao ambiente escolar, desde que comprovadamente dominem o conceito e sua prática. É sempre bom lembrar que um dos serviços prestados à sociedade pelas Organizações Não Governamentais tem sido a adoção de práticas pioneiras e bem-sucedidas no campo da relação entre a juventude (incluindo, neste conceito, a infância e a adolescência) e o mundo da comunicação.

Na sequência dos capítulos, o leitor terá condições de retomar a reflexão sobre essas linhas de articulação teórico-práticas.

A estrutura do livro, já anunciada no índice temático, permitirá um percurso que irá de uma análise contextual sobre o jovem a quem se pretende prestar um serviço até o desenho de um projeto de ação que traduzirá, no cotidiano do currículo, a contribuição que a educomunicação pode oferecer às transformações pretendidas pelas autoridades federais.

Assim, inicialmente, no capítulo 1, o leitor é convidado a refletir sobre a complexidade da relação entre os tradicionais campos da educação e da comunicação e sobre os caminhos percorridos pela sociedade civil na busca de um espaço de convivência entre os dois campos e de trabalho conjunto, na interface. O capítulo 2 propõe uma visita ao mundo do jovem contemporâneo e às necessidades que podem ser supridas pela perspectiva da educomunicação. O capítulo 3 informa que o conceito da educomunicação, tal como tratado no livro, emerge de uma tradição latino-americana de busca por práticas de comunicação e de educação sintonizadas com as necessidades das novas gerações. Mais adiante, no capítulo 4, o livro discute a natureza do novo conceito, caracterizado por seu potencial agregador e transformador. As possíveis conexões entre o conceito da educomunicação e o campo das políticas educacionais é o objeto do capítulo 5. O capítulo 6 apresenta o perfil polivalente do novo profissional, um colaborador à disposição dos sistemas de ensino e dos próprios docentes, assim como um consultor para a área da mídia e do terceiro setor, além de ser um pesquisador e sistematizador de informações sobre as práticas. O capítulo 7 analisa, no espaço dos denominados temas transversais, as possibilidades reais da introdução da educomunicação no cotidiano escolar. Toma como exemplo a questão da educação ambiental. Ao aproximar-se de seu final, o livro retoma o tema da reforma do Ensino Médio, apresentando uma proposta específica de ação pública (capítulo 8). O capítulo final (o nono) pretende ser um ponto de partida para uma efetiva integração do novo conceito à dinâmica do ensino em nosso país.

2. Os jovens e a comunicação: desafios para a educação

Buscando uma base contextual para nossa reflexão e levando em conta a perspectiva que se abre para uma mudança substancial no tratamento do Ensino Médio pelas políticas públicas, no Brasil, dedicamos este primeiro capítulo à relação entre a juventude e a comunicação.

Lembramos, inicialmente, que a categorização de "juventude" como etapa específica do ciclo da vida humana foi sendo construída, ao longo do tempo, principalmente nos finais dos séculos XIX e XX, devido, de um lado, à organização do trabalho no mundo industrial e, de outro, ao fortalecimento e universalização da instituição escolar. No caso, o jovem era pensado como o sujeito que havia deixado a adolescência e precisava receber uma preparação imediata (preferencialmente escolarizada) para ingressar no mercado de trabalho.

Nas últimas décadas, com as diversas mudanças e transformações trazidas pela globalização, incluindo as legislações que nos distintos países passaram a identificar e a defender este segmento populacional dos abusos do poder econômico, o conceito de juventude ganhou novo posicionamento, construindo-se como categoria sociológica de relevância especialmente para o mundo da educação. É neste contexto que o termo "juventude" deixou de ser referido apenas como mero dado estatístico[1] para ganhar sentidos que variam constantemente, em resposta às flutuações das circunstâncias políticas, econômicas e socioculturais (NOVAES, 1997). Ainda que numerosa, não existe, segundo os estudos mais recentes, uma juventude única ou homogênea, mas, sim, uma juventude no plural, com suas diversas representações sociais e suas várias identidades.

Uma juventude que deseja uma escola que responda a seus anseios

Segundo a pesquisa Perfil da Juventude Brasileira, do Instituto Cidadania,[2] este segmento populacional, independentemente de sua

---

[1] A partir de 2005, com a Lei n. 11.129, todo cidadão ou cidadã com idade entre 15 e 29 anos é considerado jovem, no Brasil.

[2] O Instituto da Cidadania é mantido pela Fundação Perseu Abramo, São Paulo. A pesquisa Perfil da Juventude Brasileira, de 2004, representou uma parceria entre este Instituto, o

condição socioeconômica ou de sua diversidade cultural, tem-se preocupado, nos últimos anos, precipuamente, e com a mesma intensidade, com dois temas cruciais: sua própria educação (38%) e a condição de trabalho ou de ocupação profissional (37%).[3]

Com relação à Educação,[4] apesar dos avanços em termos de políticas públicas, como a ampliação das oportunidades de acesso à educação formal e da permanência dos jovens na escola, ainda são muito significativos os dados sobre reprovações e evasões, e está longe de se completar a universalização da educação dos adolescentes e dos jovens. Somam-se a isso importantes questionamentos em torno da qualidade do ensino e das chances de a escola constituir um espaço significativo para a juventude.[5]

Torna-se, na verdade, cada vez mais evidente que os jovens estão em busca de novas propostas para a sua formação e que, para apostarem no estudo, desejam uma escola que responda a esses anseios e ofereça novos

---

Sebrae, o Instituto da Hospitalidade, sob a responsbilidade técnica da Criterium Assessoria em Pesquisa. Os dados estão disponíveis no site: <http://www.fpa.org.br/node/5381>.

[3] O desemprego é um problema cada vez mais grave para os jovens. De acordo com análise do Instituto de Pesquisa Econômica Aplicada (Ipea) sobre os dados da PNAD, realizada pelo IBGE, a taxa de desemprego juvenil, em 2007, era 2,9 vezes maior que a dos adultos: uma diferença de 14% para 4,8%. Segundo o mesmo instituto, a qualidade da ocupação é outro problema sério – 50% dos ocupados entre 18 e 24 anos são assalariados sem carteira, porcentagem que se mantém em 30% entre os que têm de 25 anos a 29 anos de idade. Sem emprego, o risco da pobreza também se faz presente. Do total do contingente juvenil, 14 milhões (30%) têm renda familiar abaixo de meio salário mínimo, sendo que 53,8% dos jovens brasileiros pertencem a famílias com renda domiciliar entre meio e dois salários mínimos. Já os 15,8% restantes vivem em famílias com renda maior que dois salários mínimos. É preciso ter presente que o risco da pobreza é mais agudo para as mulheres e, também, para os negros: nada menos que 70% dos jovens pobres são negros. Os dados foram coletados no site do Ipea, disponível em: <http://desafios.ipea.gov.br/003/00301009.jsp?ttCD_CHAVE=6636>.

[4] Segundo os mesmos dados do Instituto da Cidadania, apenas 48% das pessoas entre 15 e 17 anos cursam o Ensino Médio e somente 13% daquelas entre 18 e 24 anos estão no Ensino Superior, revelando o significativo descompasso existente entre a idade e a escolarização dos jovens. Ademais, chega a 18% a porcentagem de indivíduos entre 15 e 17 anos que estão fora da escola, percentual que atinge 66% entre aqueles que têm de 18 a 24 anos. Dados disponíveis em: <http://webcache.googleusercontent.com/searchq=cache:http://biblioteca.sebrae.com.br/bds/BDS.nsf/00B55098FC51A92C83256E86005F7E51/%24File/NT00048B96.pdf>.

[5] Ante todos estes desafios (melhor educação e mais oportunidade de trabalho), agregue-se uma crescente visão negativa sobre os jovens. A juventude aparece como mais perigosa, mais violenta, menos responsável, menos solidária do que os adultos. Segundo a pesquisa "Juventudes Sul-Americanas: diálogos para a construção da democracia regional", coordenada por Helena Abramo, a possibilidade de associação da juventude com dimensões negativas sempre esteve presente na história da cultura ocidental, pela própria condição de transição, que traz consigo uma série de ambiguidades. Fonte: <http://www.juventudesulamericana.org.br/index.php/pesquisas/34-juventude-sulamericana/109-juventudes-sul-americanas-dialogos-para-a-construcao-da-democracia-regional>.

elementos ante suas realidades e vivências. É o que revela pesquisa da ONG Ação Educativa, de São Paulo, denominada "Que Ensino Médio Queremos?".[6.] A expectativa dos jovens é, significativamente, a de que a escola os ajude a "aprender a querer aprender". Quando perguntados se estão interessados no aprendizado, 59% responderam que "às vezes", e 28% acreditam que "raramente". Em outras palavras, não mais que 13% se diriam envolvidos com o ensino que lhes é oferecido!

Outra pesquisa, de 2009, especialmente sobre os "Motivos da Evasão Escolar", produzida pelo Centro de Políticas Sociais da Fundação Getúlio Vargas – FGV, mostra que 40,1% dos jovens de 15 a 17 anos abandonam a escola por desinteresse, contra 27,1% que saem por razões de trabalho e renda e outros 10,9% que deixam de estudar por falta de acesso à escola.[7]

Segundo a conclusão apresentada pela pesquisa, as políticas públicas em condições de aumentar o interesse pela escola deveriam ser basicamente de duas ordens:

1ª) ampliação do ensino técnico-profissionalizante; e

2ª) inclusão das tecnologias da comunicação e informação nas escolas.

É o que corroboram documentos internacionais como a "Declaração de Lisboa" (1997) e o "Plano de Ação sobre Juventude de Praga" (1998),[8] da Comunidade Europeia, quando afirmam que os estados-membros devem "dar prioridade ao estabelecimento de canais de comunicação entre os jovens para que possam fazer ouvir sua voz nos planos nacional, regional e internacional, e proporcionar-lhes a informação necessária para gerar participação e papéis de liderança". Tais documentos, juntamente com o Estatuto da Criança e do Adolescente, no Brasil, têm inspirado muitos estados brasileiros a definir dispositivos legais próprios a favor da juventude, ampliando as formas de participação dos jovens na construção de seu futuro.

---

[6] O estudo, promovido pelo projeto "Jovens Agentes pelo Direito à Educação" (JADE), foi desenvolvido no final de 2007 em parceria com cinco escolas da zona Leste de São Paulo. Ao todo, foram ouvidos 880 jovens na primeira etapa do projeto – pesquisa quantitativa – e, depois, na segunda etapa, foram formados os grupos de diálogos (com professores, alunos e membros da comunidade escolar em geral). Ver sobre o tema: <http://www.acaoeducativa.org.br/portal/index.php?option=com_content&task=view&id=952>.

[7] Disponível em: <http://www.fgv.br/ibrecps/clippings/lc830.pdf>.

[8] Apud CASTRO, Jorge Abrahão; AQUINO, Lusenil M. C.; ANDRADE, Carla Coelho. *Juventude e políticas sociais no Brasil*. Brasília: Ipea, 2009.

De acordo com autores como Gomes da Costa (2000), a ampliação das formas de participação deve ser traduzida essencialmente num ganho de autonomia, de autoconfiança e de autodeterminação, numa fase da vida em que o jovem se procura e se experimenta, empenhado que está na construção da sua identidade pessoal e social e no seu projeto de vida. De acordo com organismos internacionais, como a Unicef, tal autonomia se conquista com a ampliação das possibilidades de expressão e de comunicação desses jovens, facilitadas pelo emprego dos procedimentos comprovados como eficazes em experiências internacionais e nacionais de educomunicação.[9]

Uma juventude que se envolve com a comunicação, fora da escola

O que falta na escola, os jovens buscam em outros espaços, como acaba de constatar a pesquisa "Geração Interativa na Ibero-América: crianças e adolescentes diante das telas", lançada pela Fundação Telefônica, em março de 2009, num estudo de abrangência latino-americana, realizado com a parceria da Universidade de Navarra (Espanha), que apontou o Brasil como o país em que os jovens buscam caminhos próprios de comunicação, com destaque para o uso da Internet através da criação de páginas *web* ou de *blogs*.

Os estudos foram realizados no Brasil, na Argentina, no Chile, na Colômbia, no México, no Peru e na Venezuela, com uma amostragem de 25.467 estudantes entre 6 e 18 anos, de escolas públicas e privadas. No Brasil, a amostragem foi feita no estado de São Paulo, considerando 4.205 alunos de escolas públicas e privadas: 790 com idade entre 6 e 9 anos e 3.415 entre 10 e 18 anos.

Entre os resultados apontados, fica explícita, por exemplo, a ausência de preocupação da escola com a cultura digital: um em cada dois estudantes brasileiros – ou seja, 50% da amostragem – diz que nenhum professor utiliza a Internet para explicar matéria ou estimula o uso da rede. Um total de 60% dos estudantes brasileiros afirma que acessa a Internet em *lan houses*, e não na escola ou em casa; enquanto 46% deles encontram-se absolutamente sozinhos diante do computador, sem qualquer assistência dos adultos. Outros dados significativos são:

---

[9] Ver os relatos do trabalho educomunicativo de ONGs de várias partes do Brasil em *Educomunicar: comunicação, educação e participação no desenvolvimento de uma educação pública de qualidade*. Disponível em: <http://www.redecep.org.br/midia_educacao.php>.

- seis em cada dez estudantes brasileiros acessam a Internet em *lan houses*.
- 72% dos alunos declaram gostar de utilizar o Messenger (programa de mensagens instantâneas), porque podem conversar com seus amigos. De fato, 50% afirmam: "Sempre que posso me conecto ao Messenger".
- um em cada dois adolescentes brasileiros tem e conhece pessoalmente algum de seus amigos virtuais;
- dois em cada dez jovens brasileiros são os chamados *heavy users* de videogame, já que gastam mais de duas horas diárias jogando-o;
- os estudantes do Brasil são os que gastam mais horas diárias com videogame em relação aos jovens de Argentina, Chile, Colômbia, México, Peru e Venezuela;
- cinco de cada dez crianças brasileiras reconhecem que fazem o dever de casa assistindo à televisão.

Outra pesquisa, realizada pelo projeto "Acessa Escola", parte do Programa de Inclusão Digital Acessa SP, das Secretarias de Estado da Educação e de Gestão Pública, sob a coordenação da Fundação para o Desenvolvimento da Educação – FDE, em parceria com o Laboratório de Inclusão Digital da Escola do Futuro da USP, utilizou como amostragem 1.742 estagiários do programa. Constatou, em 2009, que 93% dos jovens paulistas, integrantes das diferentes camadas socioeconômicas, já usavam o Orkut e que 88% deles já tinham publicado vídeo, foto ou áudio na internet, sendo que 48% o fizeram através do Youtube.[10]

Uma juventude que assimila e é assimilada pela cultura digital

Pelo que vimos, os jovens estão, aqui e em outras partes do mundo, utilizando cada vez mais, em seu proveito, as informações disponíveis na Internet. Indistintamente, os estudantes tornam-se pesquisadores tanto de temas escolares quanto de temas de seu próprio interesse. Sob esse ponto de vista, as atividades sociais e de recreação *on-line*, consideradas fúteis por uma geração que privilegia o conhecimento institucionalizado,

---

[10] Ver: PASSARELLI, Brasilina et al. *Coleção Acessa Escola 2009*. São Paulo: Núcleo de Pesquisa das Novas Tecnologias de Comunicação Aplicadas à Educação Escola do Futuro/USP, 2009.

passam a ser interpretadas como importantes meios para o desenvolvimento pessoal e social, além de possibilitar maior capacitação intelectual das novas gerações.

No que diz respeito ao protagonismo juvenil, documentos recentes têm mostrado que – em certas circunstâncias, como a condição socioeconômica da família, em termos de resultados concretos – as redes sociais possibilitadas pela Internet vêm ganhando importância na formação de hábitos e na maneira como os jovens convivem socialmente, construindo conceitos próprios quanto a formas de aprendizado, podendo, até mesmo, desenvolver aguçado senso crítico em suas relações com o mundo. É o que constata, por exemplo, a pesquisa referente ao Projeto Juventude Digital, realizada pela MacArthur Foundation e divulgada no final de 2008, nos Estados Unidos, ao concluir que, naquele país, as redes sociais, os jogos em comunidades *on-line*, os *sites* de compartilhamento de vídeos e fotos – como o Youtube e o Flickr – e os equipamentos *iPods* e telefones celulares se tornaram acessórios inseparáveis da cultura juvenil. Esta pesquisa identificou, por outro lado, que os jovens estão se voltando para as redes *on-line* não apenas para se divertir, mas também para participar de várias atividades públicas e desenvolver normas sociais.

Trata-se, contudo, de uma descoberta ainda inacessível a muitos pais e educadores. A própria pesquisa da MacArthur Foundation demonstrou que, mesmo nos Estados Unidos, há pais que não dispõem de "um conhecimento nem mesmo rudimentar" sobre como alimentar uma comunicação *on-line*, identificando a existência de uma considerável distância entre as gerações no manejo das novas tecnologias. Aliás, no caso do uso criativo das ferramentas de comunicação, a pesquisa verificou que os mais jovens tinham se tornado, em não poucos casos, professores ou instrutores tanto de seus pais quanto de seus próprios docentes, ao abordar as potencialidades das novas ferramentas.[11]

---

[11] A partir destas descobertas, os pesquisadores reconheceram a inadequação da política educacional dos Estados Unidos em buscar nivelar por baixo as atividades de educação *on-line* "com regras complicadas, restrições e normas pesadas a respeito de como os jovens deveriam se entrosar *on-line*". Simples proibições, barreiras técnicas ou limites de tempo de uso são considerados instrumentos bruscos, e os jovens, em geral, os recebem como exercícios de poder e falta de informação. Segundo os pesquisadores, o bom uso desses mecanismos está na dependência de quem os usa, de como usa e de quais são os domínios de sua participação *on-line*. Ver: ITO, Mizoku et al. *Living and learning with new media: final report*. Berkley, CA: MacArthur Foundation, 2008. Disponível em: <http://digitalyouth.ischool.berkeley.edu/report>. Acesso em: 25 fev. 2009.

Se, de um lado, como informa a pesquisa da MacArthur Foundation, a tecnologia vem se transformando na grande aliada da juventude, por outro, o uso fluente e especializado dos recursos de comunicação tem modificado alguns conceitos de aprendizagem, dando destaque a uma dinâmica em que o estudante demonstra maior autonomia para a experimentação, o improviso e a autoexpressão. Nesse sentido, a tecnologia se torna, igualmente, uma aliada do educador interessado em sintonizar-se com o novo contexto cultural vivido pela juventude.

Uma juventude que se envolve com "práticas educomunicativas"

Parte do que falta à educação formal, especialmente no Ensino Médio, de acordo com a pesquisa da Ação Educativa, tem sido oferecida, subsidiariamente, por numerosas organizações não governamentais, em várias cidades do Brasil, mediante "práticas educomunicativas".

Tais organizações têm conseguido atrair cada vez mais jovens para suas ações, devido especialmente à atitude reflexiva e crítica que elas demonstram ter diante da sociedade de massa guiada pela ideologia do consumo. São justamente estas as características que parte da juventude busca encontrar, em decorrência de sua "imensa energia disponível para o engajamento em grupos que desafiam a ordem vigente e sonham com a possibilidade de outros mundos" (LIMA, 2006).

É importante assinalar que tais ações, projetos e iniciativas nem sempre ficam restritos ao ambiente das entidades. Eles extrapolam muros e se espalham pelas comunidades, chegando, por esta via, em algumas circunstâncias, às próprias instituições escolares. Alguns exemplos chamam a atenção. É o caso da Associação Imagem Comunitária, de Belo Horizonte (MG), que vê a comunicação como direito público e de cidadania. Uma de suas principais ações é a Rede Jovem de Cidadania, criada em 2002, e que propõe a participação de jovens provenientes de todas as regiões da cidade no debate midiático e no processo de produção de materiais simbólicos no campo da comunicação. Com o objetivo primeiro de ampliar o acesso aos meios de comunicação, ao debate e à publicização de temas ligados à juventude, à cultura e à cidadania, o projeto criou e desenvolve diferentes oficinas e produtos que refletem essa discussão. Os produtos da Rede valorizam um estilo de expressão que está absolutamente coerente com o modo de vida de quem os faz, o que é sinal de respeito ao princípio da pluralidade que deveria orientar a produção midiática.

É justamente a necessidade de valorizar o potencial comunicativo dos jovens que acaba de levar à criação de uma rede articulada de ONGs, cujo objetivo é a busca da coerência de suas ações com o princípio da educomunicação, desenvolvendo trabalhos de educação pela comunicação. Trata-se da Rede CEP – Comunicação, Educação e Participação, com sede em São Paulo.[12] Apenas a título de exemplo, uma das fundadoras da Rede CEP, a organização Auçuba – Comunicação e Educação, com atuação em Recife (PE), desenvolve, entre seus projetos, a Escola de Vídeo, voltada a criar condições para ampliar as possibilidades de empoderamento e autonomia da juventude pernambucana, com base no acesso ao conhecimento tecnológico e na preparação do cidadão informado, crítico e criativo. Já no Rio de Janeiro, destaca-se a experiência do Centro de Criação de Imagem Popular (CECIP), que, em 2005, lançou o subsídio "Botando a Mão na Mídia", distribuído pela Secretaria de Educação Continuada, Alfabetização e Diversidade (SECAD), do Ministério da Educação, a 3.500 escolas espalhadas por todo o Brasil; tem como meta permitir que os jovens passem de consumidores passivos a leitores atentos e a observadores críticos dos meios de comunicação, capazes de criar as próprias mensagens e conteúdos.

Assim como estas, centenas de outras entidades têm desenvolvido, em parceria com o setor público, projetos inovadores que instigam os jovens a pensar e a expor suas opiniões. Segundo a literatura internacional, uma das vantagens de propostas como estas é assegurar não apenas a expressão comunicativa das novas gerações, mas também permitir que os jovens conheçam como os meios de comunicação agem, garantindo o que comumente se denomina "educação para os meios" (*Media Education*).[13]

Nesse contexto, dentre as conclusões tiradas da 4ª Cúpula Mundial de Mídia para Crianças e Adolescentes, realizada em abril de 2004,

---

[12] Disponível em: <http://www.redecep.org.br>.

[13] A "educação para a comunicação", expressão de tradição latino-americana que se firmou ao longo dos anos de 1980, substituindo a terminologia "Leitura Crítica da Comunicação", tornou-se – por sua vez – uma das áreas fundantes da educomunicação. O conceito é internacionalmente identificado com termos como *Media Education*, *Media Literacy* ou *Educación en Medios*. No Brasil, há quem, modernamente, prefira utilizar a expressão "Mídia e Educação" para esta prática, filiando-se à tradição europeia ou mesmo norte-americana (ver mais detalhes sobre o tema na nota 1 do capítulo 3).

sob a liderança da Multirio (empresa do Município do Rio de Janeiro), Midiativa e CECIP,[14] e que contou com a participação de 2 mil pesquisadores e produtores de mídia dos cinco continentes, além de 150 adolescentes de 40 países, reunidos no mesmo espaço sob os auspícios da Unicef, está justamente a questão da participação ativa da juventude na mídia. No documento final elaborado pelos adolescentes se afirma: "Mídia de qualidade é a que nós, jovens, produzimos ou aquela que os adultos produzem conosco!".[15]

Essa participação ativa das crianças, adolescentes e jovens no processo de produção midiática tem demonstrado consequências interessantes. Os jovens participantes desses projetos apontam o desejo de encontrar nas possibilidades de produção da cultura, através do uso dos recursos da comunicação e da informação, os sonhos cotidianos e a transformação da realidade local. Eles se abrem para a compreensão crítica da realidade social e ampliam seu interesse em participar da construção de uma sociedade mais justa, confirmando sua vocação pela opção democrática de vida em sociedade. Tudo isso porque a participação os levou a maior conhecimento e a maior interesse pela comunidade local, inspirando ações coletivas de caráter educomunicativo.

Segundo o jornalista Fernando Rossetti, nos projetos educomunicativos os jovens ampliam ainda mais o vocabulário e seu repertório cultural; aumentam suas habilidades de comunicação; desenvolvem competências para trabalho em grupo, para negociação de conflitos e para planejamento de projetos. Melhoram, por outro lado, o desempenho escolar, entre outros ganhos. Além disso, a partir dessa participação, surgem grêmios estudantis, cooperativas de trabalho, grupos juvenis de intervenção comunitária e periódicos.[16]

Nessa mesma linha, a pesquisa "A formação de jovens protagonistas em projetos de jornalismo comunitário em São Paulo", coordenada por Daniele Próspero,[17] constatou, a partir de análise de 12 projetos que atuavam na relação entre comunicação e juventude na cidade de

---

[14] Acesso às organizações, respectivamente: <http://multirio.rio.rj.gov.br/>; <http://www.midiativa.tv>; <http://www.cecip.org.br>.

[15] Sobre o evento, ver: <http://www.comunicacao.pro.br/setepontos/13/cmmca_educom.htm>.

[16] Ver, sobre o tema, a pesquisa da Unicef, coordenada por Fernando Rossetti, intitulada "Educação, Comunicação & Participação: Perspectivas para Políticas Públicas". Disponível em: <http://aprendiz.uol.com.br/downloads/educação comunitária/projetos.pdf>, p. 11.

[17] Ver PRÓSPERO, Daniele. *A formação de jovens protagonistas em projetos de jornalismo comunitário em São Paulo*. São Paulo: PUC, 2005.

São Paulo, em 2005, que os principais ganhos para os jovens foram o "entendimento maior do fenômeno representado pela produção de comunicação, com a finalidade de construir a visão sobre a mídia" e o "reconhecimento da comunidade, com maior articulação". Ou seja, os jovens tiveram acesso a instrumentos que lhes permitiram, no nível macrossocial, fazer uma análise mais crítica do conteúdo dos meios, principalmente no que se refere ao processo de produção e, no nível microssocial, ser reconhecidos pela própria comunidade, fato que possibilitou maior articulação entre seus membros a partir de maior circulação de informações. Foram apontados, ainda, outros resultados essenciais para o desenvolvimento da juventude, como: "maior autoestima", "a inclusão no mercado de trabalho", "o envolvimento no processo de resolução de problemas", "autonomia", "uma atitude ativa/criadora", "uma visão crítica", entre outros.

Rossetti e Próspero atribuem estas vantagens aos parâmetros educomunicativos das ações empreendidas. Mas, afinal, o que é educomunicação? É possível levar o novo paradigma para o espaço da educação formal, especialmente para o âmbito do ensino formal?

É o que tentaremos responder nos capítulos subsequentes.

3. Educomunicação: de experiência alternativa a política pública

Passamos, neste terceiro capítulo, a especificar a natureza e a história do conceito da educomunicação.

O que podemos adiantar, em síntese, é que a palavra educomunicação já tem história. Foi referendada por muitos gestores culturais, sob os auspícios da Unesco, a partir dos anos de 1980, para designar uma prática genericamente definida na Europa como *Media Education* (educação para a recepção crítica dos meios de comunicação).[1] Com esse sentido que o termo foi utilizado por Mario Kaplún,[2] assim como por grupos ligados, nos diversos países da América Latina e Caribe, à Organização Católica Latino-Americana e Caribenha de Comunicação (OCLACC), com sede em Quito, como atesta Pablo Ramos, que, em pesquisa concluída em 2002, fala em três décadas de práticas educomunicativas no

---

[1] A educação para a recepção dos produtos midiáticos é uma prática internacionalmente reconhecida sob a denominação de *Media Education* (*Media Literacy*, nos Estados Unidos, e *Educación en Medios*, na Espanha). Nos países de fala espanhola da América Latina, usava-se, na década de 1980, a expressão *Educación para la Comunicación*. No Brasil, a experiência com maior repercussão, no mesmo período, foi o Projeto LCC – *Leitura Crítica da Comunicação*, desenvolvido pela União Cristã Brasileira de Comunicação (UCBC), contando com a colaboração de pesquisadores da ECA-USP e do Instituto Metodista de Ensino Superior de São Bernardo do Campo. Era adotada a metodologia dos cursos de pequena duração (entre 16 e 24 horas), sendo desenvolvidos nos finais de semana, num total médio de 60 ações por ano. Inicialmente, os cursos foram marcados, ideologicamente, pela denunciação, inspirada na Escola de Frankfurt. A partir de 1984, o projeto passou a adotar uma perspectiva dialética, de influência freiriana, momento em que a leitura construída com os cursistas já não se voltava precipuamente para a produção da mídia, mas, sobretudo, para a relação que as pessoas estabeleciam com os meios de informação. Manuais usados pelo projeto, editados pelo Serviço à Pastoral da Comunicação (SEPAC), da Paulinas Editora, alcançaram boas tiragens, dentre os quais *Para uma Leitura Crítica da TV* (de João Luis van Tilburg), e dois outros: *Para uma leitura crítica da publicidade* e *Para uma leitura crítica dos jornais* (ambos de Ismar de Oliveira Soares). Notabilizaram-se pela contribuição oferecida ao Projeto LCC pesquisadores como Attílio Hartmann, José Manoel Morán, Pedro Gilberto Gomes, Joana Puntel, entre outros. O termo "leitura crítica da comunicação" acabou sendo incluído no texto da LDB, elaborado pela Câmara dos Deputados, no início dos anos 1990. A versão final da LDB, de origem no Senado e aprovada em 1996, deixou de contemplar o termo, mas abriu espaços para que os Parâmetros Curriculares Nacionais contemplassem o estudo da comunicação e suas linguagens como uma das metas do ensino nacional em todo o país. Voltaremos ao tema em outro tópico do livro.

[2] Ver: SOARES, Ismar de Oliveira. Caminos de la educomunicación: utopías, confrontaciones, reconocimientos. *Nómadas*, Bogotá, 2009. Disponível em: <http://www.ucentral.edu.co/NOMADAS/nunme-ante/26-30/30.14D%20Caminos%20de%20la%20educomunicacion.pdf>.

continente,[3] reafirmando o teor pedagógico e analítico atribuído ao conceito (*Educación a la Comunicación*).

Diferentemente do que ocorreu em outros continentes, o maior volume da prática deu-se, na América Latina, no contexto do movimento denominado "educação popular", "comunicação alternativa", "comunicação popular e alternativa",[4] com a adoção de uma perspectiva dialética. No caso, o que as ações e cursos das entidades envolvidas com o tema pretendiam discutir não era exatamente o impacto das mensagens sobre suas audiências, mas a relação que os receptores estabeleciam com os meios de comunicação, ou, em outras palavras, o modo como as audiências reagiam e se articulavam ao receber e ressignificar os conteúdos midiáticos.

Ao longo da década de 1990, núcleos de extensão de universidades, assim como ONGs voltadas para o uso da mídia em suas experiências de formação de crianças e jovens, no Brasil, difundiram metodologias de abordagem para práticas de educação à mídia. Algumas dessas organizações passaram a entender que o exercício de "produzir comunicação" de forma democrática e participativa, por parte das crianças e jovens, representaria um diferencial em relação às experiências internacionais voltadas exclusivamente para as práticas de "leitura" da mídia.

Como já havíamos assinalado, o termo atualmente utilizado para designar este diferencial – a educomunicação – passou a ser corrente nos textos do Núcleo de Comunicação e Educação da Universidade de São Paulo (NCE-USP), a partir de 1999. A pesquisa que levou ao conceito trabalhou com uma amostragem representativa de programas e projetos que, em 12 países da América Latina, desenvolviam algum tipo de trabalho na interface entre a comunicação social e a educação.

---

[3] RAMOS, Pablo. *Tres décadas de Educomunicación en América Latina, los caminos desde el Plan DENI*. Quito: OCLACC, 2002.

[4] É interessante observar que a literatura internacional começa a reconhecer o papel da América Latina no desenho de uma nova forma de conceber e praticar a comunicação. Na apresentação do livro *Youth Engaging with the World: Media, Communication and Social Change*, "Yearbook-2009", do programa "The International Clearinghouse on Children, Youth and Media", da Unesco (pp. 11-18), seus editores Thomas Furte e Florencia Enghel atribuem explicitamente às experiências latino-americanas de comunicação alternativa dos anos 1970 e seguintes o movimento em torno da busca mundial por uma estreita aproximação entre comunicação e desenvolvimento, a partir de uma perspectiva solidário-cidadã. E o autor chamado a dar respaldo aos múltiplos relatos que compõem os capítulos do livro, com experiências envolvendo juventude, comunicação e mudanças sociais, em 13 diferentes países dos cinco continentes, não é outro, senão Nestor García-Canclini.

Seu objetivo era detectar o imaginário desses agentes culturais sobre a referida interface.

A conclusão do trabalho, divulgada através das páginas de uma revista recém-lançada em Brasília pelo Senador Artur da Távola, intitulada *Contato*,[5] garantia que a inter-relação entre estas duas práticas sociais – a educação e a comunicação – já havia alcançado, em determinadas circunstâncias e sob perspectivas teórico-metodológicas específicas, uma densidade própria e se afirmava como um "campo de prática ou 'intervenção social' com grande potencial transformador" (SOARES, 1999).[6]

Haviam se deparado, também, os pesquisadores, com a figura emergente de um novo profissional, finalmente reconhecido pela própria Universidade de São Paulo, dez anos após a conclusão da pesquisa, quando, em 2009, decidiu criar e oferecer um curso superior para cuidar de sua formação universitária: a já referida Licenciatura em Educomunicação.

A investigação acadêmica do NCE-USP partiu da evidência de que transformações profundas vinham ocorrendo no campo da constituição das ciências, em especial as humanas, incluindo a área que abrigava a interface Comunicação/Educação, notando, ademais, uma verdadeira derrubada de fronteiras entre as disciplinas. Ao seu final, a investigação concluiu que efetivamente um novo campo do saber, absolutamente interdisciplinar e com certa autonomia em relação aos tradicionais campos da educação e da comunicação, mostrava indícios de sua existência, e que já pensava a si mesmo, produzindo uma metalinguagem, elemento essencial para sua identificação como "objeto interdisciplinar de conhecimento".[7]

---

[5] SOARES, Ismar de Oliveira. Comunicação/Educação: a emergência de um novo campo e o perfil de seus profissionais. *Contato*: revista brasileira de comunicação, arte e educação, Brasília, ano 1, n. 2, pp. 5-75, jan./mar. 1999.

[6] Sucessivos artigos publicados, no Brasil, pela revista *Comunicação & Educação* (http://www.eca.usp.br/comueduc/), ao longo da década de 2000, explicitaram o conceito. Ver, na bibliografia, publicações no exterior.

[7] É assim que a socióloga Maria Cristina Castilho Costa, integrante do grupo que promoveu a pesquisa de 1997 e 1999, prefere denominar a educomunicação. De nossa parte, temos afirmado, nos artigos publicados no Brasil e no exterior, ao longo da década, que estamos efetivamente diante de um campo emergente de intervenção na realidade e de pesquisa acadêmica, com relativa autonomia ante a comunicação e a educação. A divergência de concepção não tem impedido a confluência de esforços para fazer avançar a possibilidade de uma prática epistemologicamente coerente com a intenção de se criar novos espaços para uma ação integradora na interface.

Em decorrência desse achado, o NCE passou a descrever este novo campo de intervenção social, identificando-o com

> o conjunto das ações voltadas ao planejamento e implementação de práticas destinadas a criar e desenvolver ecossistemas comunicativos abertos e criativos em espaços educativos, garantindo, desta forma, crescentes possibilidades de expressão a todos os membros das comunidades educativas (SOARES, 2003).

Ao assumir a visão sistêmica na descrição da prática, o NCE aponta para o fato de que, o que o núcleo de pesquisa havia identificado não eram ações isoladas, fruto do protagonismo deste ou daquele agente cultural, mas ações de natureza diversificada (no campo da gestão de processos comunicativos; da expressão estética; do uso das tecnologias nos espaços educativos; da pedagogia da recepção, entre outras), articuladas com base em uma dada intencionalidade comunicativa.

A partir do ano 2000, a interpretação oferecida ao conceito pelo NCE/USP passou a circular fora da fronteira nacional, em artigos e livros escritos em inglês, espanhol e italiano. O termo aparece pela primeira vez em inglês, no ano de 2000, na mais antiga revista especializada em *Media Literacy* nos Estados Unidos.[8] Na América Latina, a visão do NCE/USP sobre o tema começa a ser difundida a partir de artigo produzido em 2000 para uma coletânea coordenada por Carlos Eduardo Valderrama, da Universidad Central de Bogotá, na Colômbia. Outros textos circularam através de revistas como *Nómadas*, também na Colômbia, *Diálogos de FELAFACS*, no Peru, e *Comunicar*, da Universidad de Huelva, na Espanha. Em 2002, passa a habitar um dicionário italiano (*La Comunicazione – Il dizionario di scienze e tecniche*).[9] No Brasil, o principal veículo de divulgação do conceito tem sido a revista *Comunicação & Educação*, que em 2002 introduziu o assunto em suas páginas com um artigo intitulado "Gestão da comunicação e educação: caminhos da educomunicação".

---

[8] Produções em inglês, para atender a eventos onde o tema foi debatido: no ano 2000, o artigo "Educommunication, the emerging new Field", em *Telemedium*, Madison, USA; em 2001, o livro *Media Education in Brazil*, com um conjunto de *papers* apresentados no 3rd World Summit on Media for Children, em Tessalônica, Grécia; em 2003, o opúsculo *From Media Education to Educommunication*, apresentado em simpósio, em Roma, Itália; em 2004, o livro *Educommunication*, apresentado em Bangkok, no congresso mundial da Union Catholique Internationale de la Presse (UCIP).

[9] SOARES, Ismar de Oliveira. Educomunicazione. In: LEVER, F.; RIVOLTELLA, P. C. ZANACCHI, A. *La Comunicazione – Il dizionario di scienze e tecniche*. Roma, Itália: ELLEDICI/RAI-ERI, 2002. pp. 418-421.

O conceito de "gestão" acompanha, na verdade, a produção científica sobre o novo campo. Tal orientação leva ao emprego de outro conceito-chave, o de "ecossistema comunicativo", usado para designar as teias de relações das pessoas que convivem nos espaços onde esses conjuntos de ações são implementados.

É para criar e desenvolver ecossistemas comunicativos que o educomunicador trabalha, qualificando suas ações como:

a) inclusivas (nenhum membro da comunidade pode sentir-se fora do processo);

b) democráticas (reconhecendo fundamentalmente a igualdade radical entre as pessoas envolvidas);

c) midiáticas (valorizando as mediações possibilitadas pelos recursos da informação);

d) criativas (sintonizadas com toda forma de manifestação da cultura local).

A educomunicação – enquanto teia de relações (ecossistema) inclusivas, democráticas, midiáticas e criativas – não emerge espontaneamente num dado ambiente. Precisa ser construída intencionalmente. Existem obstáculos que têm de ser enfrentados e vencidos. O obstáculo maior é, na verdade, a resistência às mudanças nos processos de relacionamento no interior de boa parte dos ambientes educativos, reforçada, por outro lado, pelo modelo disponível da comunicação vigente, que prioriza, de igual forma, a mesma perspectiva hegemonicamente verticalista na relação entre emissor e receptor.

A construção desse novo "ecossistema" requer, portanto, uma racionalidade estruturante: exige clareza conceitual, planejamento, acompanhamento e avaliação. No caso, demanda, sobretudo, uma pedagogia específica para sua própria disseminação: uma pedagogia de projetos voltada para a dialogicidade educomunicativa, em condições de prever formação teórica e prática para que as novas gerações tenham condições não apenas de ler criticamente o mundo dos meios de comunicação, mas, também, de promover as próprias formas de expressão a partir da tradição latino-americana, construindo espaços de cidadania pelo uso comunitário e participativo dos recursos da comunicação e da informação. Com o desenvolvimento das experiências ao longo dos anos 1990, muitas ONGs que inicialmente adotaram, para suas ações, denominações como "educação pela comunicação" ou, simplesmente, "mídia e educação", acabaram por assumir que o que vinham fazendo poderia ser identificado pura e simplesmente com educomunicação.[10]

Educomunicação e ensino: o conceito sob a perspectiva das políticas públicas

A primeira década do século XXI viu florescer importantes experiências educomunicativas no espaço do Ensino Fundamental e Médio, mediante ações patrocinadas pelo poder público, para contribuir com soluções para determinados problemas. Entre tais projetos, especificamente voltados para reduzir a violência no espaço escolar, ganhou destaque, pela dimensão e abrangência, o Educom.rádio – *Educomunicação pelas Ondas do Rádio*. O projeto foi confiado pela Secretaria de Educação da Prefeitura de São Paulo ao Núcleo de Comunicação e Educação (NCE) da USP, que, para sua execução, despendeu sete semestres, entre 2001 e 2004, atendendo, ao todo, aproximadamente 11 mil agentes educacionais, incluindo professores, estudantes e membros das comunidades educativas, todos vinculados a 455 escolas de Ensino Fundamental da rede pública municipal.

Em decorrência do curso, cada escola passou a ter o direito a receber um *kit* de produção radiofônica que permitia a montagem de um pequeno estúdio dotado de antena transmissora em condições de cobrir uma área entre 200 e 300 metros de raio, atingindo caixas receptoras móveis. No cotidiano da escola, o *Educom* mobilizou e continua mobilizando grupos de alunos que se voltam para a produção midiática de forma colaborativa, ampliando as formas de expressão e movimentando os recreios. Algumas escolas optam por produções mais sofisticadas,

---

[10] É o que ocorreu com as organizações que formam a Rede CEP (Auçuba, Recife, PE; Bem TV, Niterói, RJ; Centro de Criação de Imagem Popular – CECIP, Rio de Janeiro, RJ; Cidade Escola Aprendiz, São Paulo, SP; Cipó Comunicação Interativa, Salvador, BA; Ciranda, Curitiba, PR; Comunicação e Cultura, Fortaleza, CE; Movimento de Organização Comunitária, Feira de Santana, BA; Núcleo de Comunicação e Educação – USP, São Paulo, SP; Oficina de Imagens, Belo Horizonte, MG: Saúde e Alegria, Santarém, PA). Reunidos em Fortaleza, em outubro de 2009, representantes destas organizações assumiram coletivamente o conceito da educomunicação, definindo-o como "*o conjunto de processos que promovem a formação de cidadãos participativos política e socialmente, que interagem na sociedade da informação na condição de emissores e não apenas consumidores de mensagens, garantindo assim seu direito à comunicação. Os processos educomunicativos promovem espaços dialógicos horizontais e desconstrutores das relações de poder e garantem acesso à produção de comunicação autêntica e de qualidade nos âmbitos local e global. Sendo assim, a educomunicação contempla necessariamente a perspectiva crítica com relação à comunicação de massa, seus processos e mediações*" (conclusão do Encontro da Rede CEP, Fortaleza, outubro de 2009).

como o tratamento sonoro de conteúdos disciplinares, incluindo, em muitos casos, o resgate da memória de professores e personalidades do bairro, ou, ainda, a produção de documentários radiofônicos sobre a vida da escola ou sua relação com o entorno.

O revezamento dos alunos nas atividades necessárias para uma adequada produção permite que cada membro das diferentes equipes desenvolva suas habilidades de escrita e de leitura, além de favorecer o domínio da linguagem e da operação técnica dos aparelhos. Especialmente, contribui para a melhoria das relações entre professores e alunos, reduz os índices da violência, bem como motiva à solidariedade na busca de metas comuns. No caso, é justamente este último resultado que define a efetiva natureza educomunicativa da experiência.[11]

Na verdade, o conjunto destas ações é considerado como "educomunicativo" quando oferece à comunidade uma oportunidade real para criar um ambiente propício a uma revisão das relações de comunicação em todo o ambiente escolar (transformando e recriando seu ecossistema comunicativo). A própria comunidade educativa é desafiada a estabelecer suas metas: permitir e manter pequenos projetos voltados à produção radiofônica ou ir ampliando, aos poucos, as ambições da programação à medida que novos agentes (professores, alunos e funcionários) sejam capazes de aderir aos propósitos estabelecidos pelo programa educomunicativo em construção. Apenas quando a maior parte dos membros da comunidade tiver aderido aos parâmetros de uma pedagogia dialógica

---

[11] Em 28 de dezembro de 2004, a prefeita Marta Suplicy sancionou a Lei Educom, definindo o conceito da educomunicação como política pública no município de São Paulo. A lei foi regulamentada por seu sucessor, José Serra, em agosto de 2005. Em dezembro de 2009, o secretário de educação, Alexandre Schneider, aprovou portaria orientando a implementação de projetos educomunicativos nas escolas do município e contratando uma equipe de especialistas para formar 900 "professores comunicadores". Em relatório sobre as atividades da Secretaria de Educação em 2009, apresentado publicamente em 4 de janeiro de 2010, o secretário afirmou: "*O contato dos alunos com o universo midiático ampliou-se por meio do Programa de Educomunicação, que tem como carro-chefe o desenvolvimento do projeto Rádio Escolar e o de Imprensa Jovem, que possibilitam aos alunos atuarem como repórteres na cobertura de grandes eventos na cidade. Pesquisadores da educomunicação de diferentes partes do mundo, como Inglaterra, Alemanha, Moçambique, Chile, Itália, Portugal, Dinamarca, Argentina, Cabo Verde, acompanham o trabalho da cidade de São Paulo que está em pleno desenvolvimento. Somente em 2009 houve a formação para cerca de 1 mil professores e 500 alunos para o desenvolvimento de projetos de rádios escolares; cobertura de grandes eventos como a Campus Party, Congresso Ibero-Americano de Cultura, Bienal Internacional do Livro, mobilizando cerca de mil alunos e 50 escolas da Rede; e a criação da primeira rádio mirim do país, a Rádio Jacaré, um projeto realizado por alunos de 4 a 6 anos da EMEI Antonio Munhoz Bonilha*". O texto da Lei Educom e a portaria do Secretário da Educação encontram-se no *site*: <http://www.cca.eca.usp.br> (buscar no *link* "Políticas Públicas").

e midiática será possível afirmar que a escola, finalmente, optou pelos parâmetros da educomunicação.

É importante salientar que a simples movimentação da estrutura de uma rede escolar ou de uma escola em direção aos parâmetros educomunicativos – através da pedagogia de projetos – já constitui um imenso progresso. Foi o que ocorreu, entre 2005 e 2006, nos três estados do Centro-Oeste do país, numa atividade promovida pelo Ministério da Educação, atendendo a 80 escolas do Ensino Médio, em Mato Grosso, Goiás e Mato Grosso do Sul, com a capacitação de 2.500 pessoas vinculadas a comunidades quilombolas, a aldeias indígenas, a grupos de assentamentos rurais, além de unidades escolares rurais e urbanas.

Para tanto, o NCE-USP, responsável pela formação de docentes e estudantes, criou uma plataforma virtual para o tratamento dos conteúdos num projeto de educação a distância mediado por computadores. Somavam-se às atividades *on-line* duas oficinas de produção radiofônica ministradas, em cada escola, por radialistas locais, assim como eventos destinados a socializar os resultados obtidos junto às escolas. A reunião anual da SBPC de 2007, ocorrida em Cuiabá, MT, teve cobertura, nos moldes midiáticos, de estudantes do Ensino Médio do Mato Grosso, com a divulgação, via *web*-rádio, de entrevistas com cientistas de todo o país, falando sobre suas pesquisas. Como ocorreu em São Paulo, também no estado do Mato Grosso o poder público acabou por aprovar um dispositivo legal destinado a garantir o emprego do conceito da educomunicação mediante o uso da linguagem radiofônica.[12]

A partir de tais experiências, podemos concluir que levar a comunicação e seus recursos ao espaço da educação formal exige algumas decisões por parte dos gestores públicos, entre as quais:

a) o reconhecimento do princípio – já adotado, entre outras instituições, pela Unesco – segundo o qual a expressão comunicativa, sob as suas mais variadas formas, incluindo a midiática, é um direito universal que deve ser exercitado especialmente nos espaços destinados à formação das futuras gerações;

b) a oferta de formação em serviço para os educadores e às lideranças estudantis (não é recomendável oferecer cursos de educomunicação apenas aos docentes, levando em conta que

---

[12] Informações mais detalhadas encontram-se no *site*: <http://www.cca.eca.usp.br> (buscar no *link* "Políticas Públicas").

a vivência de experiências que envolvam, simultaneamente, docentes, alunos e membros da comunidade é essencial para a compreensão da natureza e das modalidades do fenômeno do relacionamento sob uma nova perspectiva dialógica e midiática);

c) a oferta de infraestrutura/suporte técnico que garanta a introdução definitiva da comunicação na pauta dos projetos que chegam às escolas; e, finalmente,

d) o apoio à produção midiática colaborativa de professores e alunos na escola.

Em coerência com a história do conceito da educomunicação e com os princípios que a sustentam, propomos, pois, que este novo campo seja pensado como uma opção conceitual a ser discutida pelo poder público e assumida na reforma do Ensino Médio, no Brasil.

Ao convidar o Ensino Médio a ser revisto a partir dos paradigmas da educomunicação, estamos, na verdade, convidando a educação formal a assimilar, em seu benefício, uma experiência que nasceu fora de suas paredes, no espaço das relações não formais de produção e difusão de sentidos, no contexto dos embates da luta social por novos e mais franqueados espaços de comunicação e de expressão.

Voltaremos à proposta em decorrência da especificidade da sugestão de reforma do Ensino Médio brasileiro.

4. Educomunicação: ecossistema comunicativo e áreas de intervenção

Afirmamos, no capítulo anterior, que a educomunicação se caracteriza por criar e desenvolver "ecossistemas comunicativos", qualificados como *abertos* e *criativos*, em espaços educativos. Adiantamos, no presente capítulo, que o percurso realizado para alcançar a criação dos ecossistemas passa necessariamente por aquilo que denominamos como "áreas de intervenção" do novo campo. Antes, porém, de caminharmos nessa direção, cabe-nos algumas explicações sobre o emprego do conceito de ecossistema comunicativo.

Etimologicamente, como lembra Cristina Pontes Bonfiglioli,[1] o conceito de *ecossistema* recebe influência direta de duas outras noções, presentes na formação discursiva que produz significações sobre tudo o que se refere ao cuidado com o planeta. A primeira está ligada à noção de *unidade* da natureza advinda do *holismo*. A segunda vincula-se às várias noções de *sistema*. Já no campo da comunicação, o termo torna-se corrente a partir de Pierre Lévy, ao cunhar o termo *ecologia cognitiva*[2] para identificar o estudo das dimensões técnicas e coletivas da cognição.

Por sua vez, Martín-Barbero retoma a discussão sobre *ecossistema*, agora em relação direta com a vida social e a aprendizagem. Segundo ele, o *ecossistema comunicativo* constitui, na verdade, o entorno que nos envolve, caracterizado por ser "difuso" e "descentrado". Tal ecossistema é difuso porque formado por uma mistura de linguagens e de saberes que circulam por diversos dispositivos midiáticos intrinsecamente interconectados; é descentrado porque os dispositivos midiáticos que o conformam vão além dos meios que tradicionalmente vêm servindo à educação, a saber: escola e livros.

Nesse sentido, para Martín-Barbero, o desafio que o *ecossistema comunicativo* coloca para a educação não se resume apenas à apropriação de um conjunto de dispositivos tecnológicos (tecnologias da educação),

---

[1] BONFIGLIOLI, Cristina Pontes. *Discurso ecológico: a palavra e a fotografia no Protocolo de Kyoto*. Tese (Doutorado em Jornalismo e Editoração)–Escola de Comunicações e Artes, Universidade de São Paulo, 2008.

[2] Lévy, ao defender a hipótese do surgimento de uma nova ciência denominada por ele de ecologia cognitiva, afirma que "a inteligência ou a cognição são o resultado de redes complexas onde interage um grande número de autores humanos, biológicos e técnicos" (LÉVY, Pierre. *As tecnologias da inteligência: o futuro do pensamento na era da informática*, pp. 144-145).

mas aponta para a emergência de uma nova ambiência cultural. Chega mesmo a afirmar que "a escola deve pensar menos nos efeitos ideológicos e morais dos meios e mais nos *ecossistemas comunicativos*, que são formados pelo conjunto de linguagens, escritas, representações e narrativas que alteram a percepção".[3]

De nossa parte, atribuímos um novo sentido ao conceito, estabelecendo-o como algo a ser construído, no horizonte do devir: um sistema complexo, dinâmico e aberto, conformado como um espaço de convivência e de ação comunicativa integrada.

O "ecossistema comunicativo"

Esta é a concepção que adotamos quando afirmamos que a educomunicação define-se como "um conjunto das ações inerentes ao planejamento, implementação e avaliação de processos, programas e produtos destinados a criar e a fortalecer *ecossistemas comunicativos*".

Diferentemente dos que, como Martín Barbero, empregam o conceito para designar a nova atmosfera gerada pela presença das tecnologias às quais cada um de nós e a própria educação estaríamos compulsoriamente conectados, preferimos usar o termo como uma figura de linguagem para nomear um ideal de relações, construído coletivamente em dado espaço, em decorrência de uma decisão estratégica de favorecer o diálogo social, levando em conta, inclusive, as potencialidades dos meios de comunicação e de suas tecnologias.

Aproximamo-nos mais, em nossa proposta, da imagem propiciada pela ecologia, quando considera as metamorfoses pelas quais passam os biomas, deixando perceber, em determinado território, a existência de diferentes tipos de relações entre os mundos físico, biológico e social, com maior ou menor velocidade de mutação, com maior ou menor densidade de vida.

Entendemos, assim, metaforicamente, que – como no meio geofísico-biológico – também no meio social existem sistemas áridos e fechados de interconexões, tanto quanto sistemas ricos e intensos de expressão vital. No caso, pessoas em relação, na família, numa escola, num centro de cultura, ou mesmo no espaço cibernético, se deparam

---

[3] MARTÍN-BARBERO, Jesús. *La educación desde la comunicación*. Buenos Aires: Grupo Editorial Norma, 2002.

com modelos de ecossistemas, convivendo a partir de regras que se estabelecem conformando determinada cultura comunicativa.

Portanto, todas as formas de relacionamento com regras determinadas e rigorosamente seguidas acabam por conformar um tipo definido de ecossistema comunicativo. A educomunicação, como uma maneira própria de relacionamento, faz sua opção pela construção de modalidades abertas e criativas de relacionamento, contribuindo, dessa maneira, para que as normas que regem o convívio passem a reconhecer a legitimidade do diálogo como metodologia de ensino, aprendizagem e convivência.

A partir desta perspectiva, entende-se que a relação dialógica não é dada pela tecnologia adotada, mais ou menos amigável, mas essencialmente pela opção por um tipo de convívio humano. Trata-se de uma decisão ético-político-pedagógica, que necessita, naturalmente, ser circundada pela definição de tecnologias de auxílio.

Um ambiente escolar educomunicativo caracteriza-se, justamente, pela opção de seus construtores pela abertura à participação, garantindo não apenas a boa convivência entre as pessoas (direção-docentes-estudantes), mas, simultaneamente, um efetivo diálogo sobre as práticas educativas (interdisciplinaridade, multidisciplinaridade, pedagogia de projetos), elementos que conformam a "pedagogia da comunicação". Quando falamos, pois, de ecossistema comunicativo no espaço do Ensino Médio, estamos nos referindo a um projeto educativo que tem como meta a qualidade dos relacionamentos, associada à busca por resultados mensuráveis, estabelecidos a partir de uma proposta comunicativa negociada no âmbito da comunidade educativa.

Trata-se, para muitos, de um devaneio, levando em conta o caráter conflitante da sociedade em que vivemos. Este é justamente o ponto. Toda educação individualista, marcada pela competitividade, não faz mais que classificar as pessoas, naturalizando e legitimando ecossistemas comunicativos rígidos contra os quais os jovens se revoltam, promovendo o que costumeiramente se define como indisciplina. Nesse sentido, a convivência saudável passa a ser, definitivamente, a grande meta do projeto educomunicativo.

A educomunicação, enquanto eixo transversal ao currículo, traz, portanto, para o Ensino Médio, a perspectiva da educação para a vida, do sabor da convivência, da construção da democracia, da valorização dos sujeitos, da criatividade, da capacidade de identificar para que serve o conjunto dos conhecimentos compartilhados através da grade curricular.

O conceito de ecossistema comunicativo paira, portanto, como uma meta conceitual e prática, iluminando as ações que vão sendo planejadas e revistas, envolvendo todo o cotidiano escolar.

Ecossitema comunicativo e conteúdo escolar

Confronta-se a perspectiva construtivista e dialógica da educomunicação com a fragmentação curricular, própria da distribuição de conteúdos, comum à estrutura do Ensino Médio tradicional.

Não restam dúvidas que sim. No caso, o novo conceito prefere a disposição já prevista – ainda que sistematicamente desconsiderada – nas orientações para a reforma do Ensino Médio, decorrentes da filosofia que rege a própria LDB, ou seja, a conveniência de se considerar como ideal as áreas interdisciplinares de conhecimento identificadas com "Linguagens, Códigos e suas Tecnologias"; "Ciências Humanas e suas Tecnologias" e "Ciências da Natureza, Matemática e suas Tecnologias".

Não é, contudo, função de um educomunicador opinar sobre tema de competência da pedagogia no que diz respeito à maneira como viabilizar os conjuntos de conhecimento indispensáveis ao cumprimento dos objetivos da prática educativa específica. O que, sim, pretende a educomunicação é fazer ver que mesmo a didática mais tradicional tem muito a se beneficiar de procedimentos que motivem à aprendizagem. E isso a educomunicação garante!

É, pois, na perspectiva psicopedagógica do envolvimento do aluno com os conteúdos previstos nas grades de distribuição de conteúdos escolares que atua a educomunicação, entendendo-se, porém, que a comunicação deva ser vista – ela própria – como um destes conteúdos.

Seja qual for a disposição que defina a hierarquia e a administração dos conteúdos, a educomunicação se preocupará, essencialmente, com o aluno, com sua relação consigo mesmo, enquanto pessoa, tanto quanto com sua relação com os colegas, os docentes, a escola e a sociedade ao seu redor. Far-se-á presente nas entrelinhas, nos procedimentos didáticos, de forma transversal, buscando iluminar o sentido que o conjunto das atividades possa vir a ter para o educando.

Para tanto, buscará espaço também como objeto próprio de ensino (a comunicação como unidade disciplinar no currículo). Nesse contexto, o conceito coloca-se como missão própria facilitar o entendimento dos mecanismos que sustentam a produção dos meios, possibilitando, por exemplo, que o conhecimento sobre os parâmetros e a natureza de suas mensagens ("leitura crítica da mídia") se traduza no poder de uso (capacidade de produção midiática alternativa), em função dos projetos de interesse da comunidade educativa, da disseminação da ciência, assim como do tratamento dos diferentes conteúdos curriculares.

As áreas de educomunicação no ecossistema comunicativo escolar

Se o conceito de ecossistema comunicativo é a meta a ser construída, as denominadas "áreas de intervenção" apresentam-se como portas de ingresso ao universo das práticas educomunicativas.

Denominamos como "áreas de intervenção" as ações mediante as quais, ou a partir das quais, os sujeitos sociais passam a refletir sobre suas relações no âmbito da educação.

A primeira destas "áreas" – mais antiga e fundante – é a própria (1) *educação para a comunicação*. Seguem outras, como (2) a *expressão comunicativa através das artes*; (3) a *mediação tecnológica nos espaços educativos*; (4) a *pedagogia da comunicação*; (5) a *gestão da comunicação nos espaços educativos* e, como não poderia faltar, (6) a *reflexão epistemológica* sobre a própria prática em questão.

Passamos a descrever sumariamente cada um destes âmbitos do agir educomunicativo:

1. A área da *educação para a comunicação*, já referendada no capítulo introdutório, tem como objeto a compreensão do fenômeno da comunicação, tanto no nível interpessoal e grupal quanto no nível organizacional e massivo. Volta-se, em consequência, para o estudo do lugar dos meios de comunicação na sociedade e seu impacto. Faz-se presente, entre outros modos, pela implementação de programas de recepção pedagogicamente organizados (*media education*, *educación en medios*), fundamentados na contribuição das ciências humanas.

2. A área da *expressão comunicativa através das artes* está atenta ao potencial criativo e emancipador das distintas formas de manifestação artística na comunidade educativa, como meio de comunicação acessível a todos. Todo estudo da história e da estética das artes – que representa um valor em si mesmo – está a serviço da descoberta da multiplicidade das formas de expressão, para além da racionalidade abstrata. Esta área aproxima-se das práticas identificadas com a Arte-Educação, sempre que primordialmente voltadas para o potencial comunicativo da expressão

artística, concebida como uma produção coletiva, mas como performance individual.

3. A área da *mediação tecnológica na educação* preocupa-se com os procedimentos e as reflexões sobre a presença das tecnologias da informação e seus múltiplos usos pela comunidade educativa, garantindo, além da acessibilidade, as formas democráticas de sua gestão. Trata-se de um espaço de vivência pedagógica muito próximo ao imaginário da criança e do adolescente, propiciando que não apenas dominem o manejo dos novos aparelhos, mas que criem projetos para o uso social das invenções que caracterizam a Era da Informação. Esta área aproxima-se das práticas relacionadas ao uso das Tecnologias da Informação e Comunicação (TIC), sempre que entendidas como uma forma solidária e democrática de apropriação dos recursos técnicos.

4. A área da *pedagogia da comunicação* referenda-se na educação formal (o ensino escolar), pensando-a como um todo. Mantém-se atenta ao cotidiano da didática, prevendo a multiplicação da ação dos agentes educativos (o professor e o aluno trabalhando juntos), optando, quando conveniente, pela ação através de projetos.

5. A área da *gestão da comunicação* volta-se para o planejamento e a execução de planos, programas e projetos referentes às demais áreas de intervenção, apontando, inclusive, indicadores para a avaliação de ecossistemas comunicacionais. Converte-se, nesse sentido, numa área central e indispensável, exigindo o aporte de um especialista, de um coordenador, de um "gestor", enfim. Cabe a este não apenas incentivar os educadores para que façam a melhor opção em termos das áreas de intervenção, mas também suprir as necessidades do ambiente no que diz respeito aos espaços de convivência e às tecnologias necessárias.

6. A área da *reflexão epistemológica* dedica-se à sistematização de experiências e ao estudo do próprio fenômeno constituído pela inter-relação entre educação e comunicação, mantendo atenção especial à coerência entre teoria e prática.

Pedagogia de projetos

Como comentamos, as denominadas "áreas de intervenção" representam os possíveis tipos de ação a partir dos quais a comunidade é despertada para o novo, podendo perceber com mais facilidade o pensamento qualificado pela ação educomunicativa, com ela dialogando.

Há os que estranham o emprego do termo "intervenção", levando em conta que, na sua polissemia de sentidos, guarda, entre outras, a perspectiva da intromissão e da imposição de sentidos e vontades.

Para melhor explicar o que entendemos pelo termo, lembramos a perspectiva da área das artes quando alude, por exemplo, à inserção da obra de um artista plástico em determinado espaço, quebrando a monotonia da paisagem.

Em outras palavras, usamos o conceito como um "signo novo", contraditório, porém forte. No caso, as áreas de intervenção do campo da educomunicação são, sobretudo, "pontes" lançadas entre os sujeitos sociais e o mundo da mídia, do terceiro setor, da escola, oferecendo um diálogo sobre determinado âmbito da ação educomunicativa.

Em termos específicos de uma escola, o sinal novo pode advir, por exemplo, de um programa de análise crítica da mídia. No caso, estamos diante da área da "educação para a mídia", desenvolvida, em geral, por um professor da área das ciências humanas, preocupado com os efeitos linguísticos, psicológicos, sociais, culturais ou antropológicos dos meios de informação sobre o público infantojuvenil.

Em outro caso, será o professor de educação artística quem tomará a iniciativa, a partir de seu campo de ação, dando vida à escola através da produção e da manifestação estéticas. Em não poucos casos, será o coordenador de informática educativa que irá rever a perspectiva tradicional do uso individual e competitivo das tecnologias, colocando-as a serviço das diferentes disciplinas do currículo, favorecendo toda forma coletiva e solidária de expressão.

Em cada um desses casos, a "intervenção" significa o novo. Nesta linha, pode ser incluído todo o esforço dos gestores e dos docentes no sentido de implementar projetos comunicativos com especificidades próprias, que emprestem razões para o aluno gostar da formação recebida, criando nele o desejo de vê-la difundida e multiplicada.

Em outras palavras, estamos falando de certa pedagogia de projetos que permite que mesmo ambientes fechados e rígidos possam ser beneficiados pela brisa educomunicativa, desde que docentes ou agentes culturais eficientes e bem treinados se disponham a mobilizar colegas e estudantes em torno de determinadas zonas de interesse. Nos vários projetos que o NCE-USP tem assessorado ao longo dos últimos anos, seus mediadores aconselham os professores e estudantes das escolas servidas por suas assessorias a optarem pela área de intervenção mais conveniente para solucionar um problema específico, detectado pela comunidade; seja este um foco de indisciplina, a necessidade de aprofundamento num tópico do programa didático ou, simplesmente, o desejo de apurar o gosto estético, dando vazão à expressão comunicativa dos estudantes.

Quanto mais áreas de intervenção estiverem sendo cobertas – simultaneamente – pelos projetos em desenvolvimento numa escola, mais pessoas – professores, alunos e membros da comunidade – estarão envolvidas no processo, permitindo que a educomunicação se torne visível, notada especialmente por seus efeitos benéficos.

5. A educomunicação no debate sobre a política educacional

O que fazer para que os olhos deles brilhem?

Na busca de um panorama sobre o teor do debate em torno do binômio educação/currículo, identificamos que a lógica da construção da cidadania tem sido um dos principais elementos estruturadores dos discursos que abordam as expectativas de reforma do Ensino Médio no Brasil.

De acordo com a literatura consultada, destacam-se, entre outros, como princípios pedagógicos a serem atingidos nessa busca, conceitos como: "currículo por competências", "contextualização dos conteúdos", "interdisciplinaridade", "aprendizagem significativa". Em outras palavras, para quem está na escola, o que se aprende deve "fazer sentido", ajudando a resolver problemas relevantes na vida real. Em termos ideais, a ação pedagógica deveria favorecer a convivência sustentável, a dignidade humana, a participação social produtiva, o que levaria, em última instância, à empregabilidade, à construção da cidadania e à democracia.

No entanto, são poucos os pensadores da área da educação que se sentem à vontade em aproximar estas expectativas de valores ao universo representado pela comunicação, suas linguagens e tecnologias. É como se, no imaginário destes teóricos, os dois mundos – o da educação e o da comunicação – não se tocassem ou, quando muito, permanecessem no âmbito da didática (a comunicação como recurso esporadicamente usado pelo professor).

Apesar dessa discrepância, o novo modelo de Ensino Médio Brasileiro – que está sendo definido a partir da Lei de Diretrizes e Bases da Educação (1996) e dos documentos consecutivos emitidos pelo MEC, entre os quais os textos relacionados à Educação Profissional de Nível Médio – mostra que não está fora de propósito identificar a inter-relação entre a Comunicação e a Educação com uma interface estratégica a ser considerada.

Vejamos: estabelecendo seu fundamento na concepção da escola como um espaço democrático e dinâmico, voltado para a formação de indivíduos plenamente capazes de participar da sociedade, esta política pública em construção pretende – na intencionalidade de seus mentores – tomar a educação básica como um instrumento essencial a ser marcado pelo multiculturalismo e pelas tecnologias de informação, da imagem e da comunicação.[1] Em decorrência, pretende-se que o currículo em debate avance para além de um aglomerado de conteúdos de ensino, descolados da experiência e do tempo dos jovens, convertendo-se em instrumento de integração e articulação dos conhecimentos com a vida cotidiana, interdisciplinar, valorizando, dessa forma, a aprendizagem significativa e a formação de pessoas com a capacidade de aprender continuamente e de atuar de modo transformador. Esta é a esperança!

É neste contexto teórico que perfaz a base conceitual das propostas em discussão, no MEC, que apresentemos a educomunicação como uma opção a ser considerada, tanto no âmbito da formação docente como no da estrutura curricular, na certeza de que trabalhar com uma abordagem educomunicativa tornará a vida dos docentes mais coerente com os sinais dos tempos, bem como a vida dos alunos mais interessante e produtiva, durante o tempo escolar a que estiverem submetidos.

Talvez somente quem eduque por profissão e militância possa promover, de fato, a parcela mais profunda desse diálogo com o novo e conectá-lo com a prática escolar. São profissionais que não duvidam de que os jovens estejam aprendendo muitas coisas na TV, na Internet ou nos *games*, entendendo que as experiências desses jovens com as Tecnologias da Informação e Comunicação (TICs) evidenciam não apenas o caráter estimulante que elas podem ter em processos educativos, mas também a forma como o emprego delas reconfigura modos de olhar para o mundo (LIMA, 2006: 129).

Especialmente no Ensino Médio, é importante poder trazer para os espaços educativos aquele brilho nos olhos que vemos nas crianças e jovens, quando estão em comunidades da Internet, quando vão ao cinema, quando estão entretidos com os *games*, ou quando envolvidos em programas que contemplam a produção midiática. Como alerta Jesús-Martín Barbero (1996), os novos educadores devem ser capazes de compreender que há uma nova cultura juvenil irreversivelmente em formação, vendo nelas mais que ameaças, mas novas e interessantes possibilidades de fazer uma nova aula e uma nova escola.

---

[1] Cf. PERRONE, Vito. Os desafios de ensinar para a compreensão. *Revista Pátio*, Porto Alegre: Artmed, ano XII, n. 49, fev./abr. 2009.

Diante do exposto, a pergunta de quem trabalha com a perspectiva da educomunicação poderia ser, simplesmente: *O que fazer para que os olhos deles brilhem na minha aula?* E a resposta, por certo, será a disposição para a construção de mudanças essenciais e urgentes nos ambientes educativos, em seus ecossistemas comunicativos, especialmente na esfera do Ensino Médio.

Formar pessoas capazes de transformar a realidade

Trata-se de produzir mudanças que respondam aos desafios apresentados pela sociedade atual, mobilizada por graves questões relacionadas à vida, à ética, ao planeta, ao trabalho, à convivência entre diferentes, à dignidade humana, entre outros temas. Mudanças que levem em conta um contexto mundial globalizado e de velocidade acelerada, com enorme impacto sobre as estratégias de aprendizagem e de construção do conhecimento (LÉVY, 1993). Fatores esses essencialmente relacionados ao universo educacional.

Tudo isso exige que as escolas formem pessoas com capacidade de aprendizagem e adaptação constantes, com autonomia intelectual e emocional, com habilidades diversificadas e flexíveis, além de sólido sentido ético e social. O que urge é, na verdade, garantir ao jovem a possibilidade de sonhar, não exatamente com um mundo fantástico e seguro que lhe seja dado pelos adultos, mas com um mundo que ele mesmo seja capaz de construir, a partir de sua capacidade de se comunicar. É o que a educomunicação tem condições de propor ao sistema educativo formal.

A educomunicação no centro do currículo

Em direção a essa linha de trabalho, as experiências e os estudos realizados pelo NCE – ECA/USP têm apontado para a efetiva importância da educomunicação na construção das habilidades comunicativas de educadores e educandos (SOARES, 2003). E, nesse sentido, o conceito vem sendo apresentado como um aliado no processo de gestão pedagógica das reformas pretendidas, oferecendo substancial contribuição para a formação do jovem, na medida em que, pelas experiências de uma comunicação compartilhada, abre para ele novas possibilidades de leitura e de construção do mundo.

É sobejamente sabido que a leitura do mundo passa necessariamente pela leitura da comunicação. Urge, pois, que o currículo de Ensino Médio, ao ser beneficiado pelos novos ventos propiciados pela reforma pretendida, inclua, por exemplo, o estudo do significado social, econômico e político da mídia nas mudanças sociais, ampliando a compreensão do educando, bem como suas competências de análise crítica da realidade. Essas, aliás, poderiam estar entre as principais aprendizagens aferidas no Exame Nacional do Ensino Médio (ENEM), em sua finalidade de avaliar a formação do estudante ao final do ensino básico.

Na verdade, o que se vem cobrando, fora da escola, nos exames de ingresso para o Ensino Superior (destino de presumivelmente apenas 13,5% dos alunos do Ensino Médio), tem sido o que, infelizmente, determina o conteúdo compartilhado por 100% dos alunos desta modalidade de ensino. Somente um exame público, como o ENEM, terá condições de modificar esse irremediável determinismo, caso venha a ser capaz de efetivamente mudar as modalidades de cobrança, optando por conteúdos mais diversificados e interdisciplinares.

Diante deste cenário, a construção do novo espaço da gestão da reforma do Ensino Médio precisa pensar, urgentemente, na relação entre o mundo da educação e o mundo da mídia. Para ajudar o sistema educativo a tomar tal decisão, aparece a figura de um novo profissional, com um pé na educação e outro na comunicação, do qual se espera habilidade para levar a mídia para a escola de forma adequada e competente.

Segundo Maria Cristina Castilho Costa, já existe efetivamente um espaço para um novo educador nessa esfera – o educomunicador –, que tem, entre suas funções, o papel de introduzir a mídia na sala de aula, orientando ou propondo, por exemplo, estratégias para a utilização didático-pedagógico do jornal, da televisão e da Internet no espaço escolar. Para a autora e diretora da *Comunicação & Educação* (revista produzida pela ECA/USP e editada pelas Paulinas), "essa inserção da mídia na escola representa um primeiro passo para que o professor estimule seus alunos e traga para o campo teórico as experiências cotidianas" (COSTA, in SOARES, 2003: 51); além disso, "é o estímulo para que os alunos se apropriem das mídias e das tecnologias da comunicação para produzir seus próprios veículos e desenvolver suas formas de expressão" (COSTA, in SOARES, 2003: 51-52).

Compreender a construção dos discursos da mídia, conforme Adílson Odair Citelli, "é tarefa da qual os diferentes sistemas de ensino não podem se furtar" (CITELLI, in SOARES, 2003: 68), pois estamos diante de uma nova realidade, qual seja, a existência de "novos modos de se operar o conhecimento e a informação" (CITELLI, in SOARES, 2003: 67). E, nesse sentido, como vimos afirmando, a educomunicação pode contribuir para a formação e capacitação do professor, permitindo maior interação entre a escola e o mundo.

Ampliação do tempo disponível para as práticas *educomunicativas*

Estamos convencidos, pelas experiências vividas em mais de quarenta anos de debates sobre o tema, de que os princípios que norteiam as práticas educomunicativas podem ser respostas efetivas para a necessidade de gerar espaços em que a juventude de fato se reconheça como agente transformador de sua realidade, a partir da escola.

Entendemos que ampliar os espaços favorecedores dessas experiências dentro de um currículo renovado torna-se uma estratégia vital para a recriação do próprio ensino. Nesse sentido, acompanhamos com interesse as discussões em torno da flexibilização do currículo do Ensino Médio e a esperada promoção da interdisciplinaridade, a fim de integrar os conhecimentos, substituindo a divisão do conteúdo em disciplinas fragmentadas por eixos temáticos voltados para temas como o trabalho, a ciência, a tecnologia e a cultura.

A aposta por mudanças evidencia-se, entre outras iniciativas: a) na necessidade já apontada pelos documentos oficiais de ampliação dos espaços de leitura, mediante o domínio de todas as linguagens (da escrita à digital, passando pela audiovisual); e b) na importância da ampliação da carga horária do Ensino Médio, garantindo-se que parte subtancial do tempo disponibilizado possa ser utilizado para atividades interdisciplinares mediadas pela comunicação e suas tecnologias.

Com este cenário posto, e especialmente com a expectativa da universalização da escola integral, as bases necessárias para as práticas educomunicativas nunca se fizeram tão presentes. Diante da interdisciplinaridade proposta, da inserção da tecnologia em sala de aula e da possibilidade de integrar ao currículo atividades que envolvam a participação dos jovens, diversas oportunidades são lançadas para que a comunicação, suas linguagens e tecnologias sejam incorporadas de fato como parte do processo educativo e pedagógico e não apenas como um simples conjunto de ferramentas a serviço da performance exclusiva do professor.

Quanto ao professor, nada mais oportuno que sua imersão prática no exercício educomunicativo. O assunto ganha relevância quando, ao se reverem os dados do Educacenso de 2007, se descobre que cerca de 600 mil professores do país não possuem graduação ou atuam em áreas diferentes das licenciaturas em que se formaram. Para estes, em termos de prioridades, o contato com a prática educomunicativa se faz mais que necessária, se faz urgente!

Políticas públicas, mais próximas do campo educomunicativo

As questões comentadas até aqui apontam necessariamente para a reflexão em torno das políticas públicas educacionais em sua relação com a comunicação, a partir de uma perspectiva integradora.

Partindo dessa visão, afastamo-nos dos debates segmentados que tradicionalmente envolvem temas como o das tecnologias educativas. Em outras palavras, quando nos referimos à educomunicação, falamos de um projeto que discute essencialmente o sentido da ação educativa em sua totalidade, para o que a tecnologia dará sua contribuição, caso seja pensada como forma de expressão e não simplesmente como inovação didática. Nesse sentido, ganha relevância e atualidade retomar a discussão de tema já tratado em capítulo anterior, ao se referir aos projetos de leis e às portarias que vêm presidindo a introdução do novo paradigma em algumas de nossas redes de ensino.

Acrescentamos ao que já foi dito que, no caso específico dos dispositivos legais ou administrativos voltados à introdução do conceito, especialmente nos âmbitos da educação formal e educação ambiental, as normas foram aprovadas depois da avaliação do sucesso de experiências previamente consideradas. É o que se pode concluir de uma leitura cuidadosa da Lei n. 13.941, de autoria do vereador Carlos Neder, aprovada pela Câmara Municipal para garantir a continuidade do programa de formação de educomunicadores no município de São Paulo. Em primeiro lugar, a lei amplia o âmbito da aplicação do conceito, estabelecendo sua validade para as áreas da cultura, saúde, esporte e meio ambiente, o que foi ótimo para a educação. Pela lei, ampliar iniciativas de educomunicação nestas várias áreas significaria, fundamentalmente, garantir à população acesso de qualidade aos meios e recursos da comunicação. O que não é pouco!

Em decorrência da Lei Educom, a Prefeitura Municipal garantiu, precipuamente, a continuidade do projeto onde já vinha sendo praticado, nomeando, para tanto, um coordenador para atender às necessidades das escolas em termos de formação. Em decorrência, no oitavo aniversário do programa, em 15 de dezembro de 2009, o Secretário de Educação do município, Alexandre Shneider, definiu, através de portaria, normas para ampliar e consolidar a prática educomunicativa nas escolas, abrindo caminho para a contratação de especialistas – a maioria do próprio NCE-USP – para formar 900 "professores comunicadores" com a missão de criar e coordenar projetos na área, a partir de 2010.

Algo semelhante ocorreu no estado do Mato Grosso, através da Lei Estadual n. 8.889, de 10/06/2008, de autoria do deputado estadual Alexandre César, que define – através de uma norma legal – a continuidade da filosofia proposta pelo projeto *Educomrádio.Centro-Oeste*, desenvolvido pelo NCE-USP no estado, entre 2006 e 2007. A lei implanta o programa Rádio Escola Independente na rede estadual de ensino. No caso, através de miniestações de rádio, em cada unidade escolar, os alunos podem trabalhar todas as áreas de ensino, códigos, linguagens, ciências exatas, humanas e sociais. A lei objetiva, dessa forma, trazer diversos benefícios aos estudantes, como o desenvolvimento da criatividade e do senso de responsabilidade, a exploração das potencialidades pedagógicas do rádio para a difusão de conteúdos escolares, a promoção da educação ambiental na escola de forma interdisciplinar, a contribuição para a formação do jovem e o estímulo ao exercício da cidadania, além do combate à violência e do favorecimento à cultura de paz no ambiente escolar. A iniciativa prevê, ainda, que a Secretaria de Estado de Educação (Seduc) atue de forma integrada com a direção das escolas, grêmios estudantis e entidades interessadas para o funcionamento das rádios. O dispositivo também sugere que o governo celebre parcerias com municípios, ONGs e empresas privadas, mediante instrumentos específicos previstos na legislação vigente. Já as despesas para a implantação do programa Rádio Escola devem estar previstas no orçamento, com dotações financeiras próprias.

É interessante observar que as leis e normas que definem políticas para a educomunicação não causaram nem vêm causando, até o momento, nenhum estranhamento por parte da sociedade e dos próprios educadores. Foram entendidas como uma necessidade decorrente de demandas criadas por setores interessados em preservar uma conquista já alcançada e que se temia ver perdida, caso não lhes fosse garantido o indispensável apoio, possível graças à continuidade administrativa, especialmente na passagem de comando político de um partido a outro.

Formação cria demanda, atendida pelas políticas públicas

Como ressaltamos nos dois casos examinados (o do município de São Paulo e o do estado do Mato Grosso), os projetos de lei e as normas que os regulamentaram não foram outorgados pela autoridade, mas, ao contrário, foram precedidos por um intenso processo de formação envolvendo as comunidades educativas como um todo. Mas o que caracterizou tal processo formativo? Inicialmente, uma pedagogia de projeto que levou a educomunicação diretamente à comunidade escolar e não apenas aos professores. Em segundo lugar, uma formação pensada em múltiplas dimensões, colocando a comunicação a serviço da solidariedade, da transversalidade, da interdisciplinaridade e da prática da cidadania,[2] tendo como base o compromisso latino-americano com a democratização da comunicação, em todos os seus níveis.

Os resultados que vêm sendo obtidos, vários anos após o término da formação oferecida pelo NCE-USP – quando a maioria dos alunos formados já se encontra fora da escola e boa parte dos professores participantes dos cursos se aposentou ou foi transferida –, garantem o acerto da metodologia de trabalho: o conceito da educomunicação, apesar das dificuldades e das deficiências em sua aplicação no universo das unidades escolares atendidas, acabou por vivificar a prática cotidiana das escolas, gerando uma nova herança cultural.[3] Ao residir na memória da

---

[2] A formação foi *solidária,* porque era oferecida simultaneamente a professores e alunos, criando a imagem e a realidade de um ecossistema comunicativo forjado colaborativamente, a partir do princípio da gestão democrática dos recursos da informação; foi *transversal,* porque o objetivo era permitir que a comunidade formada por professores e alunos tomasse a comunicação como eixo transversal da prática curricular, valorizando cada conteúdo das disciplinas, integrando-os e, especialmente, integrando as TIC nas atividades extraclasses voltadas ao tratamento dos conteúdos escolares; foi *interdisciplinar,* levando em conta que a formação para o uso do rádio e das demais linguagens midiáticas associava-se ao tratamento dos temas transversais, como meio ambiente, ética, multiculturalidade, permitindo que a comunidade realizasse um estudo crítico sobre como a mídia tratava os mesmos temas presentes no cotidiano escolar; e, finalmente, foi *cidadã,* lembrando que os objetivos finais estavam centrados em dois exercícios: o primeiro, que envolvia professores e alunos – simultaneamente e em igualdade de condições –, para analisar os processos de comunicação característicos de seus respectivos espaços escolares, e, o segundo, para ler o mundo presente na mídia, criando um discurso próprio e autoral, através de uma produção midiática que eles mesmos fossem capazes de produzir.

[3] A existência eficaz dessa herança cultural, capaz de suplantar as dificuldades advindas até mesmo das mudanças políticas, fruto das alternâncias do poder, acaba de ser constatada por

comunidade escolar, a experiência formativa foi revitalizada, assim que o poder público decidiu integrar a prática decorrente do novo conceito na cultura curricular de suas redes de ensino, através de políticas públicas amparadas na legislação.

Ao lembrar estes fatos, recordamos aos leitores – especialmente aos gestores da educação nacional – que aos exemplos relacionados deve ser somado um número significativo de experiências empreendidas por universidades e organizações não governamentais em todo o país,[4] garantindo que a eficácia do conceito educomunicativo – com todos os seus benefícios e possíveis contradições[5] – encontra-se sobejamente comprovada, oferecendo ao poder público a certeza de que investir neste campo é propiciar condições para a melhoria imediata da educação em todo o território nacional.

Isabella Bruni, estudante italiana da "La Sapienza" Università de Roma, Itália, que conviveu ao longo do primeiro semestre de 2009 com professores e estudantes das escolas públicas da cidade de São Paulo, analisando o impacto da formação educomunicativa no cotidiano de professores e alunos (BRUNI, Isabella, *L'educomunicazione brasiliana sulle onde della radio, Analisi di caso*. Anno accademico 2008-2009).

[4] A título de exemplo, sugerimos a leitura das experiências relatadas no livro *Educomunicar*, disponível na Rede CEP: <http://www.redecep.org.br>.

[5] Temos afirmado, em nossas palestras e assessorias, que é enganoso pensar que existam experiências "100%" educomunicativas, levando em conta que a prática da educomunicação é processual e conversa necessariamente com o ecossistema em que é semeada. No caso, o projeto educomunicativo convive com outras práticas, nem sempre dialógicas e construtivistas, sendo por elas influenciadas. Por sua vez, os seres humanos – adultos, adolescentes e crianças – envolvidos nessas experiências carregam suas histórias pessoais que, inexoravelmente, levam os grupos a confrontos de procedimentos e de interesses. Como sobre todas essas dificuldades paira o convite freiriano ao diálogo, o caminho correto é seguir em frente, com perseverança.

6. O educomunicador, a um só tempo: docente, consultor, pesquisador

A graduação em educomunicação da ECA/USP foi aprovada pelo Conselho Universitário com o objetivo expresso de oferecer ao país um profissional em condições de contribuir para alcançar as metas previstas para o sistema de ensino básico nacional (um professor de comunicação no âmbito do magistério, especialmente para atender a demandas do Ensino Médio). Daí a opção pela "licenciatura". No entanto, o próprio Conselho deliberou que a formação a ser dada ao novo profissional deverá habilitá-lo ao exercício de outras duas funções, não necessariamente vinculadas ao ambiente escolar formal: a *pesquisa* e a *consultoria*.

O âmbito da pesquisa volta-se para o acompanhamento, análise sistemática e avaliação da gestão comunicativa de projetos e práticas educomunicativas. Dentre os objetos passíveis de atuação por parte do profissional de pesquisa destacam-se, entre outros, o fenômeno da recepção (análise da relação mídia/audiência, em seus efeitos psicológicos e pedagógicos, com destaque para as questões relativas à denominada "classificação indicativa" dos espetáculos); o estudo da aplicação das linguagens e recursos da informação e da comunicação nas práticas de ensino, e, ainda, a questão da presença de um mediador da aprendizagem nos denominados cursos de educação a distância. O serviço da pesquisa enquadra-se no âmbito da reflexão epistemológica, responsável por manter uma constante vigilância epistemológica sobre o agir que se apresenta como educomunicativo.

O âmbito da consultoria levará o profissional ao sistema midiático, ao terceiro setor, ao mundo empresarial, sem desconsiderar o próprio sistema educativo.

A consultoria para o sistema de comunicação inclui tanto o atendimento à área de produção quanto o planejamento e avaliação dos processos de relacionamento dos meios com os usuários dos serviços da mídia. A justificativa é o crescente interesse do mundo da comunicação pelo universo da educação, ao que se soma a preocupação de setores da educação em relação à qualidade dos procedimentos e produtos que afetam a vida da infância e juventude.

No âmbito do terceiro setor, multiplicam-se as ONGs que implementam trabalhos na interface infância/mídia, demandando profissionais habilitados para atender a uma demanda crescente de serviços especializados.

Ainda que de forma incipiente, o mundo empresarial, sob a pressão das demandas advindas da aplicação do conceito de responsabilidade social, tem demonstrado interesse em contar com consultores que contribuam para melhorar processos de relacionamento tanto com seus públicos externos quanto com seus próprios funcionários, através de práticas educomunicativas que superem uma visão mais superficial de marketing social.

Definitivamente, nas funções de consultoria, o educomunicador jamais cumprirá os tradicionais papéis de "relações públicas" ou de "profissional de marketing". Seu âmbito de ação é o da mediação cultural, em coerência com os fundamentos epistemológicos do conceito da educomunicação. No caso específico da relação do profissional da educomunicação com a mídia, enquanto empresa, é necessário que empregador e empregado se recordem da natureza própria do conceito e de suas implicações éticas. Em não poucas ocasiões, o educomunicador terá a obrigação ética de declinar de convites que o coloquem em situações embaraçosas.

Os tópicos que se referem às áreas da pesquisa e da consultoria serão objeto de publicações futuras, levando em conta que o presente livro define como âmbito de análise exclusivamente as relações entre a comunicação e o sistema formal de ensino.

Aliás, foi justamente no âmbito do ensino formal que os projetos de extensão cultural do Núcleo de Comunicação e Educação da Universidade de São Paulo (NCE-USP) mais avançaram ao longo da última década, possibilitando a seus coordenadores e pesquisadores um contato direto com dezenas de milhares de agentes culturais e membros de comunidades educativas em todo o país. O fato possibilitou a identificação de um efetivo interesse por parte do sistema educativo em encontrar referenciais e procedimentos que não apenas viessem garantir o indispensável diálogo intergeracional, mas que sobretudo motivassem a própria comunidade educativa a ingressar definitivamente na Era da Informação de forma participativa, democrática e empreendedora.

Pudemos constatar que, no âmbito da escola, muitos têm encontrado na educomunicação os parâmetros para essa conversa mais estreita em torno de projetos vitais de interesse comum, fato que vem facilitando não apenas o aprendizado de conteúdos disciplinares, mas, especialmente, a compreensão do lugar que os próprios jovens ocupam na sociedade, animando-os a uma busca permanente por caminhos que levem à mudança da realidade que os cerca, no âmbito do que se costuma definir como prática da cidadania.

O sonho de Isael

"Quando me formar..., quero ser um professor de comunicação... de educomunicação... Paulo Freire... Mariazinha Fusari, quem sabe? Taí o rádio pra ajudar!!!". A expressão encontra-se no final do documentário "Histórias de Jovens Educomunicadores" (NCE, 2003), produzido a partir de cinco relatos de vida de adolescentes que, nos quatro pontos cardeais e no centro da cidade de São Paulo, haviam tomado parte, entre 2001 e 2004, do projeto *Educom.rádio – Educomunicação pelas Ondas do Rádio*.

Jovem e negro, morador de uma das favelas da Zona Norte e aluno da EMEF Mariazinha Fusari, Isael Martinho de Sousa havia compreendido, como ninguém, a natureza do perfil do professor do futuro: deveria ser alguém em condições de unir a sensibilidade da arte-educadora Maria Felisminda Fusari (professora da USP e fundadora do NCE que dava nome a sua escola) e sua capacidade de promover a leitura da mídia a partir da ludicidade do agir comunicativo, apostando no diálogo como forma de construção de sentidos. Caberia a ele somar a tais habilidades o domínio das linguagens e dos recursos da informação, promovendo seu uso numa perspectiva democrática e participativa.

Na verdade, o rádio produzido nas escolas do município era, para Isael, um exemplo. E tudo isso para quê? Para tornar outros jovens mais resolvidos com o mundo ao seu redor, resgatando, dessa forma, sua condição humana a partir, até mesmo, de revoltas pessoais, fruto de alguns maltratos em sua vida...

Isael já se sentia um iniciado, porque na sua escola era ele quem, aos 16 anos, no 7º ano do Ensino Fundamental, mobilizava a comunidade juvenil. Um iniciado que havia encontrado na ação dos adultos – seus professores e os mediadores do *Educom.rádio* – um inestimável estímulo para seu encontro com a comunicação.

Dez anos depois do início do *Educom.rádio*, a USP pode dizer para Isael que já tem condições de recebê-lo como aluno de sua Licenciatura em Educomunicação. A primeira, em nível de graduação, destinada a formar o professor de seus sonhos, o educomunicador.

O perfil do educomunicador

Paulo Freire e Mariazinha Fusari mobilizaram Isael. Deram-lhe uma referência, uma imagem.

Construir a imagem sobre o que poderia ser um educomunicador é o primeiro exercício que sugerimos aos nossos interlocutores nos cursos e palestras que ministramos. Perguntamos, essencialmente, que personalidades conhecidas pelo público poderiam personificar um trabalhador, pesquisador ou pensador da área.

Nesse exercício, alguns nomes se sobressaem e se repetem, como os de José de Anchieta que, a seu modo e nas condições possíveis de seu tempo – inícios do século XVI –, fazia uso da expressão estética (a poesia e o teatro) para dialogar com seus interlocutores, propiciando que se expressassem. Celéstin Freinet, educador francês que na primeira metade do século XX introduziu a prática da expressão livre dos alunos através da produção do jornal escolar, sendo por isso penalizado pelo poder público que lhe cassou a licença para ensinar; Janusz Korczak, médico polonês que, no mesmo período, criou, em Varsóvia, Polônia, um educandário para atender crianças em situação de abandono, transformando-o num espaço democrático de relacionamento, em que o exercício da escrita se converteu num fator de mobilização das crianças e jovens. Persistente em seu propósito, foi morto pelos nazistas, juntamente com seus alunos, no campo de concentração de Treblinka; Paulo Freire, filósofo brasileiro que sistematizou uma teoria educacional centrada na comunicação dialógica e participativa, sendo, hoje, conhecido internacionalmente como um autor que melhor transita entre o campo da educação e da comunicação; Mario Kaplún, radialista argentino, com passagem por vários países da América Latina, que, a partir de sua prática junto ao movimento popular, elaborou uma reflexão sobre a comunicação educativa, implementando metodologias de leitura crítica da mídia; Helder Câmara, arcebispo de Recife, nome censurado nos jornais e revistas de circulação nacional no período da ditadura militar, reconhecido por seu vínculo com a cultura popular e com os moradores das periferias das cidades do Rio de Janeiro e do próprio Recife, e que fazia de sua oratória uma fonte permanente de diálogo motivador sobre a necessidade das transformações sociais, sensibilizando em especial a juventude;

Nize da Silveira, psicanalista yunguiana que substituiu os tratamentos de choque pela arte-educação, entendendo que os chamados "loucos" teriam condições de viver momentos de felicidade e de libertação psíquica ao se reconhecerem ou serem reconhecidos a partir de suas expressões artísticas, forma autêntica de comunicação do inconsciente reprimido – foi a criadora do Museu do Inconsciente; Herbert de Souza, o Betinho, sociólogo, celebrado nacionalmente por seu poder de mobilização e por seu apoio à democratização da comunicação e às várias formas de expressão alternativa. As Irmãs Salesianas, que adotaram a educomunicação em mais de 1.200 obras em todo o mundo, lembram, com frequência, a figura de Dom Bosco, o fundador de sua congregação religiosa que, ainda no século XIX, valorizava a comunicação interpessoal, impressa e teatral, garantindo que a educação deveria, substancialmente, partir da acolhida e da sensibilidade (*amorevolezza*).

Que características comuns a estas personagens as tornam tão próximas ao ideário do educomunicador? Ousaria dizer que uma extrema facilidade de se comunicar, expressa num conjunto de qualidades, entre as quais:

a) a abertura para o outro;

b) o diálogo na gestão dos conflitos;

c) a capacidade de contextualizar os problemas e encontrar soluções de interesse para a coletividade; e, sobretudo,

d) o grande poder de acolhida, assegurando a adesão de seus interlocutores às propostas que defendiam.

Enfim, comunicadores que educaram e... continuam educando!

E as tecnologias, a mídia? Todos privilegiaram o uso de algum recurso: Anchieta, a poesia e o teatro; Celéstin Freinet e Janusz Korczak, o jornal; Paulo Freire e Mario Kaplún, as relações interpessoais e o rádio, lembrando, no caso de Freire, o programa de alfabetização a distância do Movimento de Educação de Base (MEB); Helder Câmara, a dialética verbal (o uso da palavra); Nize da Silveira, a linguagem artística; Herbert de Souza, o conjunto dos veículos da comunicação alternativa, incluindo a Internet; Dom Bosco, a literatura popular e o teatro.

Tais celebridades dos campos da educação, da psicologia, da política e da religião podem figurar como referências, merecedoras que são de nossa simpatia. No entanto, o leitor certamente está à procura de figuras mais próximas ao seu cotidiano.

Quatro gerações

É dessas figuras que vamos falar no presente tópico: homens e mulheres que construíram o campo da educomunicação. A pesquisa desenvolvida pelo NCE-USP, entre 1997 e 1999, de fato, encontrou pelo menos quatro gerações de "educomunicadores" no continente. Pessoas que, em seus âmbitos de atuação – organizações não governamentais, escolas, universidades, centros de cultura, mídia, igrejas, empresas –, foram capazes de dar um novo sentido ao ato de comunicar, colocando-o a serviço da dialogicidade humana e da educação.

A primeira geração de educomunicadores é constituída por personagens que – por sua atuação e sua reflexão teórica – podem figurar como os precursores do campo, representados por dois nomes latino-americanos: Paulo Freire e Mario Kaplún.[1]

A segunda geração inclui os especialistas responsáveis, no continente, ao tempo da pesquisa do NCE-USP (1997-1999), pela coordenação de grandes programas no âmbito do movimento social, na interface comunicação/educação. Parte destes especialistas foi convocada pela Unesco, ao longo dos anos de 1980, para sistematizar suas experiências no campo da educação para a comunicação. A contribuição de cada um, enquanto pesquisador ou gestor de projetos, acabou por oferecer substancial ajuda para o entendimento da natureza da interface comunicação/educação.[2]

A terceira geração congrega profissionais que, no início dos anos 2000, com idade entre 25 e 40 anos, atuavam tanto em organizações da sociedade civil quanto na mídia e no próprio sistema educativo formal. Hoje, já mais amadurecidos, comungam da ideia de que efetivamente o campo da educomunicação já se faz presente e se dispõem a auxiliar para a formação de novas gerações de profissionais.[3]

---

[1] Deve ser lembrado também, além dos já mencionados Célestin Freinet, Janusz Korczak e Herbert de Souza, o educador Roquete Pinto, idealizador da radiodifusão educativa no Brasil.

[2] A pesquisa do NCE/USP dialogou justamente com uma amostragem representada por 170 integrantes desta geração, em 12 países da América Latina.

[3] Vamos encontrar essa terceira geração no comando de organizações formadoras da Rede CEP – Comunicação, Educação e Participação (www.redecep.org.br). Hoje, integrantes desta geração ocupam cargos em centros culturais, secretarias e departamentos das áreas da educação, tecnologia, cultura e meio ambiente, algumas em departamentos governamentais expressamente responsáveis por projetos educomunicativos. A coordenação dos projetos do NCE-USP (tais como o Educom.rádio, o Educom.TV e o Mídias na Educação, em parceria com o MEC) foi ou continua confiada a especialistas que podem ser classificados como pertencentes a esta geração que se autodefine como educomunicadora.

A quarta geração é representada por jovens universitários, vocacionados para o novo campo e que já trabalham em projetos colaborativos, como produtores, formadores e animadores comunitários, autoproclamando-se autênticos educomunicadores.[4]

Surpreendentemente, uma quinta geração está emergindo, como as crianças e os adolescentes que participam de projetos de educomunicação em ONGs, escolas, centros ou pontos de cultura. Um exemplo explícito da presença atuante desta quinta geração são os adolescentes que integram os coletivos educadores dos Ministérios do Meio Ambiente e da Educação, emprestando seu entusiasmo para a divulgação das práticas da educação ambiental, ou os estudantes da rede municipal de São Paulo, envolvidos com o programa Nas Ondas do Rádio, ou, ainda, os adolescentes da Fundação Hélio Augusto de Sousa, instituição vinculada à Prefeitura de São José dos Campos, SP, no Educom.FUNDHAS (www.educom.fundhas.org.br).

As competências do novo profissional

Se tomarmos como referência a Licenciatura em Educomunicação, da ECA, o novo profissional que a USP pretende formar necessita desenvolver habilidades para cobrir as demandas de três diferentes âmbitos de ação: o *magistério* (o professor da área da comunicação), a *consultoria* (o assessor para projetos de comunicação educativa) e a *pesquisa* (analista e sistematizador de experiências em educomunicação).

Explicando melhor: trata-se de um profissional em condições de atender às demandas do ensino formal (é um licenciado, por isso pode lecionar), sendo-lhe facultado o acesso às diferentes áreas do trabalho profissional que não exigem diplomas específicos, mas que requerem saberes apropriados: falamos da área da consultoria nos diferentes espaços em que a interface comunicação/educação gera processos e produtos, a saber: a produção midiática dirigida à educação e ao trabalho nas organizações do terceiro setor, voltadas para a relação entre mídia e infância/juventude. Licenciado e consultor, o novo profissional é necessariamente um pesquisador, seu terceiro foco de atividade, no campo da educomunicação.

---

[4] A título de exemplo, mais de 800 destes jovens, em sua maioria cursando a universidade ou com títulos acadêmicos recém-conquistados, atuaram com eficiência nos projetos presenciais e/ou a distância implementados pelo NCE-USP, entre 2000 e 2010. Pertencem a esta geração os jovens educomunicadores da *Revista Viração* (www.revistaviracao.org.br).

Com mais detalhes: a proposta aposta, inicialmente, na necessidade de se atender às exigências da LDB, em especial, das normas para a reforma do Ensino Médio, formando um *professor* para – ao lado dos professores de Letras – assumir a docência de aspectos específicos dos conteúdos referentes à área da comunicação, suas tecnologias e linguagens. Já o *consultor* responderá pelas demandas de escolas, setores da administração pública e de organizações da sociedade civil no âmbito do planejamento e da implementação de projetos que necessitem conhecimentos específicos na inter-relação comunicação/tecnologias/educação.

Nesse contexto de múltiplas tarefas, o perfil do novo profissional exigirá do candidato às várias funções que se exercite para adquirir habilidades voltadas:

1º) ao planejamento, à gestão e avaliação de programas e projetos na interface comunicação/educação;

2º) ao uso das tecnologias da informação e da comunicação, de forma colaborativa, nos diferentes âmbitos da prática educativa, envolvendo os agentes (formadores e formandos) na arte da produção midiática;

3º) ao assessoramento do sistema de meios de comunicação no que se refere à produção destinada ao âmbito educativo;

4º) ao desenvolvimento de trabalhos de recepção organizada das mensagens midiáticas;

5º) à reflexão e à sistematização de suas próprias experiências na interface comunicação/educação, de forma a garantir a difusão das práticas no novo campo.

O professor

O exercício do magistério em comunicação pode ocorrer nos diferentes níveis de ensino, dependendo dos currículos implantados nas escolas públicas ou particulares. No entanto, pelo que expressa a Resolução CEB n. 3, de 26/06/98,[5] em termos do exercício imediato, o Ensino Médio é o que mais exige a presença deste novo docente.

É a própria Resolução que nos informa sobre os conteúdos específicos da área, quais sejam:

---

[5] Ver portal do MEC: <http://portal.mec.gov.br/cne/arquivos/pdf/rceb03_98.pdf>.

a) a compreensão e o uso dos sistemas simbólicos e das diferentes linguagens;
b) a capacidade para o confronto de opiniões e de pontos de vista sobre as diferentes linguagens e suas manifestações específicas;
c) a análise, interpretação e aplicação dos recursos expressivos das linguagens, de acordo com as condições de produção e recepção;
d) o entendimento dos princípios que regem as tecnologias da comunicação e da informação;
e) o entendimento da natureza das tecnologias da informação como integração de diferentes meios de comunicação;
f) o conhecimento sobre o impacto das tecnologias da comunicação e da informação na vida, nos processos de produção, no desenvolvimento do conhecimento e da vida social;
g) a aplicação das tecnologias da comunicação e da informação na escola, no trabalho e em outros contextos relevantes para a vida.

Caberá à organização das escolas definir a forma e a sequência com que estes conteúdos serão administrados. Em termos de modalidade de ensino, ampliam-se, igualmente, as possibilidades: além da hipótese de serem criadas disciplinas específicas para tratar do tema, outros tipos de atividades podem ser previstos, de caráter interdisciplinar, como a implantação de oficinas voltadas para os distintos tópicos dos conteúdos previstos pela Resolução CEB.

A título de exemplo, oficinas sobre Jornal Escolar já fazem parte do cotidiano das práticas educativas das escolas públicas do estado do Ceará, facilitadas por uma parceria celebrada entre a Secretaria de Educação e a ONG Comunicação e Cultura, de Fortaleza. No Rio de Janeiro, as Secretarias de Educação e de Meio Ambiente se unem na promoção de oficinas voltadas especificamente para o uso do rádio no tratamento do tema ambiental. O mesmo ocorre, na cidade do Rio, em colégios particulares, como o Santo Inácio, dos Jesuítas e o São José, dos Maristas. Em São Paulo, além do trabalho com rádio nas escolas do município, colégios particulares como o Bandeirantes e o Emilie de Villeneuve mantêm, em seus quadros, especialistas na interface comunicação/educação, para a realização de exercícios interdisciplinares voltados para a aprendizagem da recepção e da produção midiática por adolescentes.

Lembramos, ainda, que a LDB faculta às unidades escolares a criação de cursos profissionalizantes voltados para o campo da comunicação social, garantindo espaços para a ampliação do âmbito de conteúdos a serem tratados por um docente-educomunicador.

O consultor

Já existe e está no mercado a figura do consultor em educomunicação, apresentando-se como um assessor do sistema educativo que faz a mediação de projetos em secretarias ou departamentos vinculados à administração pública, em áreas voltadas à educação ambiental ou à educação em saúde, a título de exemplo. Ou, ainda, em programas promovidos por veículos de comunicação voltados expressamente para a área educacional (em TVs e emissoras de rádio ou em editoras de revistas e jornais),[6] assim como em organizações não governamentais dedicadas a projetos que envolvam ações com a mídia, no âmbito do ensino não formal.

Uma das funções deste consultor é a de estimular os próprios jovens atendidos pelos projetos culturais a inserir-se na atividade produtiva, como já acontece em muitas escolas e em projetos mantidos por ONGs, nos quais os alunos estão engajados em projetos midiáticos, habilitando-se tecnicamente, desenvolvendo suas capacidades criativas e de trabalho em equipe, e, muitas vezes, descobrindo suas vocações profissionais. Mais ainda, reciclando as relações professor/aluno e emprestando seu dinamismo e ousadia aos projetos.

Sabemos que a abertura da prática educomunicativa para o espaço da consultoria ou da assessoria ao mundo empresarial, ao terceiro setor e à mídia vem causando polêmica especialmente com organizações não governamentais que primam pela defesa da coerência epistemológica no uso do conceito.

Tem sido justamente para evitar o uso mercadológico e uma compreensão inadequada e contraditória do conceito que tanto a universidade (no caso, especialmente da USP) quanto o governo (no caso particular dos Ministérios da Educação, na área voltada para a educação

---

[6] Exemplo mais evidente desta prática ocorreu no caso da página publicada, aos domingos, pelo *Jornal da Tarde*, denominada "Pais e Mestres", através da qual um grupo de especialistas do NCE-USDP ofereceu assessoria para a produção de conteúdos educomunicativos destinados a professores do Ensino Fundamental. As aulas podem ser acessadas no *site*: <http://www.usp.br/nce>.

ambiental, e do próprio Ministério do Meio Ambiente, responsável pelo Programa de Educomunicação Socioambiental), e mesmo o setor social organizado (no caso, especialmente as entidades que compõem a Rede CEP), têm-se esforçado por explicitar seu pensamento sobre o sentido do conceito e de suas práticas. Exemplo deste tipo de cuidado será examinado no próximo capítulo.

O pesquisador

O tratamento dos dados sobre as práticas em questão, associado à busca de referenciais teóricos que as expliquem e as avaliem, faz parte do cotidiano do agir do profissional enquanto pesquisador.

À pesquisa acadêmica, contribuição da universidade, somam-se as análises produzidas por instituições especializadas,[7] criando parâmetros para que, no espaço do exercício profissional, a coleta e a sistematização de dados se tornem hábito, garantindo a socialização das experiências de forma a permitir a coerência da própria prática e o estímulo que os bons projetos acabam criando para o conjunto dos interessados no novo campo.

Esclarecidas as possíveis funções do novo profissional, passemos à sistematização do agir comunicativo proposto pelo Programa de Educomunicação Socioambiental do Ministério do Meio Ambiente.

---

[7] Ver especialmente as pesquisas desenvolvidas pela ANDI – Agência de Notícias dos Direitos da Infância. Disponível em: <http://www.eca.usp.br/comueduc/>.

7. Tratamento educomunicativo para o tema do meio ambiente

Afirmamos, reiteradamente, que a educomunicação trabalha a partir de uma perspectiva transdisciplinar. O princípio é válido sobretudo para o tratamento de assuntos complexos no âmbito dos denominados "temas transversais". É o caso de questões como saúde, multiculturalidade, ética, meio ambiente, entre outras.

Detemo-nos, neste capítulo, na abordagem educomunicativa de um destes temas: a educação ambiental.

A título de exemplo, reportamo-nos ao encontro que deu início ao programa de formação de educomunicadores da Fundação Helio Augusto de Sousa (FUNDHAS), em São José dos Campos, SP, em abril de 2010. Na ocasião, para motivar os gestores e docentes da instituição ao debate que pretendíamos propor, abrimos um exemplar do jornal *O Estado de S. Paulo*, edição de 15 de abril de 2010, iniciando um exercício de identificação, entre as manchetes da primeira página do periódico, das matérias de interesse para a área ambiental. O exercício levou os participantes da reunião ao reconhecimento imediato de quatro entre os dez títulos estampados na capa da edição em exame, a saber:

- Justiça suspende leilão da hidrelétrica de Belo Monte (sobre decisão de juiz interferindo na data prevista para o leilão, a pedido do Ministério Público que suspeita que a obra poderia causar danos irreparáveis ao meio ambiente, na bacia do Rio Xingu).
- Terremoto na China derruba cidade e mata mais de 500 (sobre os efeitos da atividade sísmica na localidade chinesa de Yuchu, com repercussão sobre as condições de vida de seus habitantes: 10 mil feridos, 85% das casas destruídas, 70% das escolas com o mesmo destino e 589 mortos).
- *Bullying*, no Brasil, ocorre na sala de aula (sobre pesquisa em torno dos conflitos e violências entre alunos, no ambiente escolar, examinando suas causas e as formas de evitar os prejuízos para as vítimas).
- Com casa, sem casa (sobre vítimas das enchentes de março, alojadas em escola no Bairro do Borel, no Rio, convivendo com estudantes em dia normal de aula).

Ao reconhecer as quatro manchetes como relacionadas ao tópico "meio ambiente", os educadores da FUNDHAS concluíram de imediato:

a) que a mídia pode converter-se num excelente auxílio ao docente em aulas de diferentes conteúdos, especialmente se ao professor é dada a oportunidade de consultar fontes diversas (no caso, a Internet, outros jornais, o rádio e a TV);

b) que o tema do meio ambiente deve ser trabalhado a partir do entendimento de que o ser humano integra a paisagem em que está historicamente inserido;

c) que, pela análise dos aspectos abordados em cada chamada das matérias, somente é possível tratar o tema do meio ambiente com base em uma visão interdisciplinar e transdisciplinar das questões em foco;

d) que, no caso do uso da educomunicação como procedimento, a edição do jornal em questão poderia oferecer subsídios para uma série de trabalhos com uso dos recursos midiáticos, levando os estudantes a produzir informações relevantes próximas à sua realidade.

Ao eleger as quatro manchetes, os participantes da atividade demonstraram que seu interesse era o de conversar sobre o tema do meio ambiente, assunto que os preocupava levando em conta, entre outros motivos, o fato da reunião estar sendo realizada justamente na sede do Centro de Referência em Educomunicação e Meio Ambiente da FUNDHAS, no espaço conhecido como Parque da Cidade.

Após uma primeira rodada de debate, ficou claro que os participantes haviam adotado o pressuposto segundo o qual a mídia, espelhada no jornal paulistano, poderia converter-se num excelente auxílio ao processo educativo, em atividades sobre diferentes conteúdos, levando em conta o fato de favorecer a construção de visões interdisciplinares e transdisciplinares.

Demonstraram também concordar com o princípio segundo o qual o tema do "ecossistema" deveria ser trabalhado a partir do entendimento de que o ser humano integra a paisagem em que está historicamente inserido (cuidar do meio ambiente é cuidar do homem, onde quer que ele esteja: na montanha, no mar ou, mesmo, numa sala de aula).

Segundo ainda os presentes, no caso do uso do referencial educomunicativo como procedimento de análise, a edição do jornal em questão poderia oferecer subsídios para uma série de trabalhos escolares com o uso dos recursos midiáticos, levando os estudantes a produzirem informações relevantes relacionadas à sua própria realidade.

Em decorrência destes pontos de vista, a primeira manchete a ser analisada com maior profundidade pelo grupo foi a que se referia ao tema da violência no espaço escolar.

Bullying ou o jovem no centro de um "ecossistema comunicativo" em conflito

A matéria sobre o *Bullying* (p. A21), permitiu aos educadores e educandos envolvidos na atividade configurar o caso como sendo o de um rompimento de relações no espaço do que entendiam ser um "ecossistema comunicativo". No caso, a nota do jornal apontava para um desequilíbrio no meio ambiente escolar que precisava ser recuperado.

Ao tratar o tema o jornal havia partido da pesquisa do Centro de Empreendedorismo Social e Administração em Terceiro Setor (Ceats/FIA) com um grupo de 5.168 alunos de 5ª a 8ª série, mostrando que 17% do público escolar se considerava vítima ou agressor dos próprios colegas. A pesquisa mostrava, ainda, que 21% das agressões ocorrem dentro das salas de aulas, mesmo com a presença dos professores. A foto que ilustrava a matéria tinha como legenda: "Celulares são usados para ampliar chacotas a colegas e espalhar preconceito", identificando um tipo de uso das tecnologias da informação como instrumentos de poder para desiquilibrar relações.

O jornal mostrou a existência de diferentes pontos de vista para a análise do tema, começando pela perspectiva sociológica, passando pela psicológica até chegar à pedagógica. O enfoque sociopsicológico fez-se presente quando 37% dos entrevistados revelaram sentir medo do "ambiente" escolar. Já os educadores e os adolescentes da FUNDHAS identificaram a existência de mais uma perspectiva de análise: a educomunicativa, com a pergunta: como converter um ambiente escolar massacrante num "ecossistema comunicativo" aberto, livre e desejado por todos?

A visão educomunicativa sugerida como acréscimo à estrutura do texto do jornal é a mesma que o NCE-USP já havia adotado, em caso semelhante, junto à rede municipal de educação de São Paulo. É importante ressaltar que a resposta veio de forma muito rápida: já no segundo ano da vigência do projeto *Educom.rádio*, a secretária de educação, Cida Perez, informava, em 2002, numa entrevista a um documentário sobre o projeto, que a violência nas escolas públicas da cidade havia sofrido uma redução de 50% em seus registros junto às delegacias de bairros da cidade.

Retomando, na sequência, as demais manchetes do jornal, os participantes do exercício de análise do periódico verificaram que estavam diante de assuntos (a hidrelétrica, o terremoto e as enchentes) que poderiam ser tratados pelas distintas ciências próprias da grade de conteúdos do ensino básico. À educomunicação, caso fosse convidada a atuar, caberia, igualmente, entender os três acontecimentos referidos nas manchetes a partir de uma pedagogia de projetos que privilegiasse a produção simbólica dos alunos, mediante o uso de recursos da comunicação; possibilitaria, dessa forma, a criação de referenciais que lhes garantissem certa autonomia na análise de fenômenos semelhantes, no futuro.

Por uma educomunicação socioambiental

O Ministério do Meio Ambiente já conta com dispositivos legais para implementar o trabalho educativo no âmbito da educação ambiental. Trata-se do Programa Nacional de Educação Ambiental (ProNEA), elaborado, a partir de consulta pública, pela Secretaria de Articulação Institucional e Cidadania Ambiental, Departamento de Educação Ambiental do Ministério do Meio Ambiente.[1]

O documento sintoniza-se com os pressupostos defendidos pelo NCE-USP ao afirmar a importância de elucidar as diversas dimensões a que o termo remete, levando em conta sua condição de campo do conhecimento, de *episteme*, estando presente em atividades de pesquisa, assim como na produção de conhecimento e na formulação de diretrizes filosóficas para projetos e programas socioambientais. Lembra, nesse sentido, o documento do Ministério do Meio Ambiente (MMA), que "a educomunicação corresponde ao movimento de gestão participativa dos meios de comunicação, à democratização dos sistemas e à defesa do direito à comunicação". Portanto, existe enquanto *campo de intervenção social*, dizendo respeito fundamentalmente aos processos formativos de habilidades comunicativas, convertendo-se, em última instância, na compreensão educativa da comunicação social.

---

[1] Disponível em: <http://www.mma.gov.br/estruturas/educamb/_arquivos/txbase_educom_20.pdf>. O programa e as modalidades de sua aplicação podem ser acessados no site: <www.cca.eca.usp.br>.

Informa, ainda, o mesmo documento, que o conceito de "Educomunicação Socioambiental" é uma expressão nova que vem ganhando espaço no campo da Educação Ambiental, nos últimos anos, referindo-se a um conjunto de ações e valores marcados pelo dialogismo, pela participação e pelo trabalho coletivo. Na definição do conceito, a indissociabilidade entre questões sociais e ambientais no fazer/pensar dos atos educativos e comunicativos é justamente ressaltada pelo termo "socioambiental". A dimensão pedagógica, nesse caso particular, tem foco no "como" se gera o saber e "naquilo" que se aprende na produção cultural, na interação social e com a natureza.

O documento faz referências diretas à área de comunicação massiva nos processos educativos, ao valorizar a participação da mídia, quando estabelece, no artigo 3º, que, para garantir o direito de todos à Educação Ambiental, *cabe aos meios de comunicação de massa colaborar de maneira ativa e permanente na disseminação de informações e práticas educativas sobre meio ambiente e incorporar a dimensão ambiental em sua programação.*

O art. 13 da lei afirma, igualmente, que cabe ao "Poder Público, em níveis federal, estadual e municipal, incentivar a difusão, por intermédio dos meios de comunicação de massa, em espaços nobres, de programas e campanhas educativas, e de informações acerca de temas relacionados ao meio ambiente".

O documento deixa antever, contudo, que não basta apelar à mídia para que esta assuma seu papel, cabendo ao poder público encontrar mecanismos que permitam à própria população produzir conteúdos e disseminar informações sobre suas realidades socioambientais. Para tanto, identifica definitivamente a educomunicação tanto como filosofia quanto como metodologia de trabalho.

É nesta linha que o capítulo 7 do documento apresenta o que denomina como Princípios da Educomunicação Socioambiental, quais sejam:

1º) *Compromisso com o diálogo permanente e continuado.* Pelo princípio do diálogo, a Educomunicação Socioambiental deve promover a inclusão de atores e perspectivas com valorização de experiências acumuladas, bem como de novos modos de ver e novas formas de fazer, sempre pelo bem comum. Isso exige ampliação dos espaços de diálogo e de argumentação e contra-argumentação entre a administração pública e a população, dando materialidade para o exercício do controle social: uma ação não competitiva, inclusive no campo ideológico, mas lúcida de seu papel de dar visibilidade e escuta à diversidade. No âmbito de uma política pública, representaria uma ação constantemente recíproca entre governo e sociedade.

2º) *Compromisso com a interatividade e a produção participativa de conteúdos.* A interatividade na Educomunicação Socioambiental significa, para o MMA, canalizar a ação comunicativa advinda dos educadores ambientais, e não apenas levar informação e conhecimento pré-editados. Na perspectiva educomunicadora, toda a produção de conteúdos deve ser aberta e participada sem domínio de tecnologia e de saberes especializados que imponham suas competências por mérito acadêmico ou funcional. Portanto, ela também põe em questão a reserva de mercado para profissionais de comunicação. O educomunicador popular trabalha nas duas frentes: absorve tanto a educação como a comunicação, não só como membro de instituições constituídas, mas especialmente como cidadão que luta pela sustentabilidade.

3º) *Compromisso com a transversalidade*, que, em última análise, significa promover uma comunicação para a sustentabilidade socioambiental que não se contente com um discurso especializado em ecologia, mas que tenha clareza de suas interfaces: a) com todos os campos de saber envolvidos na questão socioambiental, e b) com as produções discursivas de função estética, pedagógica, espiritualista, jurídica, histórica etc. Transversalizar significa, também, valorizar as formas de intermídia, isto é, sempre que possível conjugar e articular diferentes modos de canalizar a informação. Por exemplo, a programação de rádio pode ser distribuída por emissoras, por páginas eletrônicas e por CD-ROM, além de gerar publicações.

4º) *Compromisso com o Encontro/Diálogo de Saberes.* O Encontro de Saberes é a promoção e valorização da união e do contato entre diferentes atores – pessoas, instituições, gerações, gêneros, culturas, territórios, numa atmosfera de respeito mútuo, sempre fortalecidos pela ação dialógica. O Diálogo de Saberes é fundamento metodológico para quaisquer práticas de educomunicação. Ele é, em suma, a promoção do contato e diálogo entre práticas, conhecimentos, tecnologias, papéis sociais e políticos. Portanto, uma comunicação socialmente mobilizadora para atuar na formação de alianças e redes, além de favorecer as já existentes.

5º) *Compromisso com proteção e valorização do conhecimento tradicional e popular.* A Educomunicação Socioambiental respeita e favorece a autonomia das identidades individuais e coletivas, no contexto das comunidades tradicionais e indígenas. Por isso, preocupa-se em prevenir a apropriação indevida de informações, imagens, conhecimentos e tecnologias sociais de comunicação tradicionais e populares, uma vez que grande parte deste patrimônio ainda não está devidamente reconhecido e protegido por lei. Nestes casos, preconiza a lógica da repartição de benefícios, materiais e imateriais, quando da circulação de bens destas culturas. Cabe ao campo da Educação Ambiental, considerando-se o mesmo princípio, defender o direito de acesso e autogestão das expressões culturais dos povos indígenas e comunidades tradicionais junto aos meios de comunicação de massa.

6º) *Compromisso com a democratização da comunicação e com a acessibilidade à informação socioambiental.* A Educomunicação Socioambiental visa favorecer e otimizar a organização da sociedade – uma comunidade organizada é um indicador seguro de continuidade e sustentabilidade do processo comunicativo. A democratização pressupõe igualmente condições de acesso, não só à informação socioambiental, mas também aos seus meios de produção e à sua gestão participativa, incorporando os valores democráticos de forma intrínseca às práticas cotidianas e como expressão da subjetividade humana. Cabe lembrar que este princípio reafirma e atualiza o Princípio 14 do *Tratado de Educação Ambiental para Sociedades Sustentáveis e Responsabilidade Global* (1992), que "requer a democratização dos meios de comunicação de massa e seu comprometimento com os interesses de todos os setores da sociedade".

7º) *Compromisso com o direito à comunicação.* Significa o reconhecimento da comunicação como um direito humano fundamental. Ele envolve, mais que o direito à informação, a liberdade de expressão como condição indispensável à emancipação e ao acesso a gestão dos meios. A Educomunicação Socioambiental pode ser vista como uma *prática de democracia, sustentabilidade e liberdade* e, nesse sentido, mantém estreita relação com as demais políticas de proteção da vida e promoção dos direitos humanos. Portanto, é um meio de efetivação do direito à comunicação. Assim como fazer educação, fazer comunicação, nesse caso, é mais que um ato profissional. É, sim, um direito e uma ação emancipatória de todo cidadão.

8º) *Compromisso com a não discriminação e o respeito à individualidade e diversidade humana*. O trabalho da Educomunicação Socioambiental está fundamentado na *ética do cuidado* e no respeito à diversidade humana, em todos os níveis. Por isso, adota linguagens inclusivas, que não sejam discriminatórias, estigmatizantes, sexistas, racistas, preconceituosas em relação a crenças individuais, ideologias, de orientação sexual e identidade de gênero, e que assegurem a visibilidade e a igualdade de oportunidades de participação, manifestação e resposta a todas e todos.

A Educomunicação Socioambiental na educação formal

O documento do MMA afirma que uma das estratégias a ser adotada no cumprimento dos programas de Educomunicação Socioambiental é prever o envolvimento do setor educacional no âmbito da educação formal. Na verdade, a ambição do programa é poder contar, no país, com o envolvimento dos 180 milhões de brasileiros e brasileiras, enquanto atores no processo de educação ambiental. Mas isso somente será possível quando a escola – até mesmo a menor delas, escondida no mais distante rincão do país – esteja engajada nesta tarefa.

Ao considerar a relevância dessa ação estratégica no espaço escolar, o documento lembra alguns pressupostos da educomunicação:

a) levar em conta a necessidade de uma educação capaz de colaborar com os educandos no enfrentamento de conflitos mediante procedimentos que trabalhem com a gestão de controvérsias, e não necessariamente com a intenção de se impor alguma posição (o caso retratado na matéria sobre o *bullying*);

b) ter em conta que, além dessa disposição, a educação ambiental deve promover a intencionalidade cooperativa solidária, que amplia e harmoniza os rumos estratégicos e que distingue a verdadeira educação/

comunicação (ou educomunicação), auxiliando na união com parceiros, em benefício de um meio ambiente saudável e equilibrado para todos.

No caso, valem para a educação formal recomendações como:
- agenciamento e aprendizado da leitura crítica dos meios através da produção e participação nas *mídias* comunitárias e *mídias* da escola: *fanzine*, rádio interna e comunitária, páginas e *blogs*, entre outras;
- promoção, em escolas formais e não formais, das habilidades comunicativas, desenvolvendo capacidades de gestão de ecossistemas comunicativos, bem como de produção. É importante saber inserir valores democráticos de gestão e associar essa educomunicação ao campo da Educação Ambiental.

Neste tópico, o documento recorda o exemplo de uma instituição não formal de comunicação – Escola de Comunicação Popular e Crítica, do Rio de Janeiro, na favela da Maré –, que convida os dirigentes dos colégios a buscar um diálogo com a aprendizagem oferecida por experiências pioneiras nascidas mesmo fora das escolas.

Ao finalizar o capítulo, destacamos o fato de que a correta assimilação do conceito da educomunicação pelo poder público, como ocorre no tratamento da educação ambiental pelo MMA, garante a consolidação de um referencial específico e exigente que aponta para a importância da formação do especialista, a quem caberá a indispensável assistência em sua implementação.

8. Retomando a proposta de ação educomunicativa no Ensino Médio

Convocações!

Quem se aproxima da educomunicação na perspectiva tratada nos capítulos anteriores ou atua em projetos que tomam o conceito como referência está diante de um desafio que se desdobra em uma série de "convocações", tais como:

- Dialogar com o poder público – e mesmo com a iniciativa privada que atua no campo – sobre a necessidade e viabilidade de aplicar as propostas inovadoras da abordagem educomunicativa ao contexto pragmático do Ensino Médio e especialmente da Educação Profissional.
- Promover a formação de educomunicadores. Aprofundar, para tanto, a discussão sobre o perfil de formação e de atuação de novos profissionais das áreas relacionadas à comunicação (formação teórica em comunicação e suas linguagens; produção midiática, impressa, audiovisual e digital; produção específica voltada para os jogos eletrônicos e o *design*, entre outras já parametrizadas pelas matrizes curriculares emergentes), à luz das reflexões críticas que caracterizam a perspectiva da educomunicação.
- Fortalecer o Ensino Médio Integrado. Aprimorar estratégias que permitam aproximar o conceito ao modelo de Ensino Médio Integrado, de forma a garantir que a educomunicação possa efetivamente contribuir para a construção de novas práticas pedagógicas, com maior interconexão entre áreas, docentes e projetos didáticos.

São todos desafios que simultaneamente devem preocupar os gestores das políticas públicas no campo da educação, os pesquisadores da área e as universidades formadoras da força de trabalho que, em última instância, assumirá a tarefa de implementar a educomunicação nas escolas do país. A Universidade de São Paulo já deu sua resposta, ao criar a Licenciatura em Educomunicação.

Desafios da *educomunicação* para o Ensino Médio Integrado

No âmbito específico da relação entre políticas públicas e educomunicação, interessa particularmente à sociedade e à formação dos jovens a proposta governamental de ampliar o Ensino Médio Integrado. Do pondo de vista da educomunicação, verificamos existir pelo menos quatro itinerários a serem desenvolvidos e percorridos.

a) *Itinerário 1 – Pedagogia da comunicação*

A modalidade integrada de currículo para o Ensino Médio implica um alto grau de articulação entre disciplinas e docentes, com a eliminação de sobreposições indesejadas e contraprodutivas entre os planos de curso na escola. Isto somado à inclusão de conteúdos e temas inéditos ao currículo, próprios das específicas áreas de formação profissional. Tais perspectivas desafiam o trabalho docente a melhor conceber e planejar o trabalho didático, para o que se faz importante e necessária uma abordagem de comunicação sobre os ambientes de ensino e de aprendizagem. É o que se denomina comumente como pedagogia da comunicação.[1]

b) *Itinerário 2 – Mediações tecnológicas*

A grande maioria dos novos cursos profissionais que estão sendo abertos ou adaptados no país ou precisa incluir novas tecnologias ou é curso formador para profissionais que trabalharão diretamente nas áreas tecnológicas, inclusive aquelas abrangidas pelo campo da comunicação. Neste contexto, a contribuição da educomunicação se faz essencial, na medida em que traz reflexões e práticas centradas no desenvolvimento de competências produtivas e comunicativas, associadas, porém, à ética da responsabilidade social.

c) *Itinerário 3 – Gestão*

Escolas de Ensino Médio Integrado são experiências novas e muito diferentes dos modelos tradicionais. Além de terem de conceber e implementar um currículo mais organicamente integrado, abrigam e põem em interlocução obrigatória profissionais e instituições de origens e tradições diversificadas. A perspectiva educomunicativa pode aqui trazer

---

[1] Ver sobre o tema: PENTEADO, Heloisa Dupas. *Pedagogia da Comunicação*. São Paulo: Salesianas, 2002.

uma importante base para a relização de novos modelos de gestão da comunicação no ambiente de trabalho educativo.

d) Itinerário 4 – Formação docente e do educomunicador

Como antecipamos, a educação como um todo busca um novo perfil de profissional, para o que a educomunicação pode contribuir com conceitos, reflexão, experiências práticas e modelos estruturados. No entanto, a perspectiva da Educação Profissional, sobretudo quando tange às áreas produtivas da comunicação, implica a ampliação da discussão a respeito da formação do educomunicador e a adequação de seu perfil a esta categoria peculiar de ensino. Deixa, inclusive, pensar na possibilidade da criação de cursos para a formação específica de profissionais de educomunicação em nível técnico, mais bem adaptados às novas e ricas oportunidades que se abrem para o panorama da educação profissional de nível técnico.

Linhas de ação

Retomando as "convocações" e os "itinerários", à luz do conteúdo dos capítulos anteriores, voltamo-nos, neste último tópico do livro, a cinco linhas de ação destinadas a pensar a educomunicação no contexto da reforma do Ensino Médio, a saber.

1ª linha de ação – Diálogo entre os campos, para além da grade curricular

Por estarmos num ambiente escolar, no qual a sistematização do conhecimento curricular é um dos indicadores de um bom trabalho docente, não deixa de fazer sentido o estudo da comunicação, de seus conceitos fundantes, de suas linguagens e tecnologias e, especialmente, de suas aplicações práticas. No caso do Ensino Médio, as normas decorrentes da LDB falam especificamente na imperiosa necessidade de se introduzir a comunicação no currículo.

Como já lembrado, a Resolução CEB n. 3, de 26/06/1998, introduziu o tema da comunicação, garantindo-lhe lugar central na proposta de políticas públicas de ensino. Segundo o documento, os estudantes brasileiros que passarem pela escola média devem desenvolver competências e habilidades que lhes permitam, essencialmente, compreender e usar os sistemas simbólicos das diferentes linguagens, apropriando-se delas no fazer profissional que se seguirá à conclusão de seus estudos.

Mas a educomunicação quer mais: pretende prever o exercício de comunicação como prática cidadã. Para tanto, na linha do diálogo entre os campos em estudo, o novo conceito parte, em primeiro lugar, do pressuposto de que a comunicação – antes de ser um objeto a ser estudado – é um dos elementos constitutivos do próprio processo educacional, uma espécie de eixo transversal de toda prática educativa.

Sugerimos, em consequência, que se dê um passo à frente nesse diálogo interdisciplinar; isso significa optar por uma prática pedagógica a qual conforme um modelo dialógico e participativo de se trabalhar e mobilizar a comunidade educativa, mediante a construção de um ecossistema em que as relações de comunicação sejam fluidas, voltadas à formação de um indivíduo realizado como pessoa, no momento em que se debruça para a construção da coletividade.

No caso, o conhecimento sobre a comunicação que se pretende é aquele eminentemente processual, o qual favoreça um exercício comunicativo solidário. O exercício educativo que se imagina é, outrossim, aquele capaz de motivar à ampliação do poder de expressão de todos os indivíduos que compõem o ecossistema comunicativo em construção.

2ª linha de ação – Âmbitos da ação no ambiente escolar

Entendemos, em decorrência, que a educomunicação deva ser pensada em três âmbitos específicos, no ambiente escolar:

a) no âmbito *administrativo*, voltado tanto para a gestão das relações no espaço escolar – objetivando uma convivência que respeite as diferenças e que permita à comunidade construir a educação sob a perspectiva da comunicação dialógica – quanto para prover o sistema com os recursos e suportes técnicos que viabilizem os projetos na área;

b) no âmbito *disciplinar*, que preveja a comunicação como conteúdo específico (disciplinas sobre temas da comunicação) ou como objeto de análise (educação para a recepção dos produtos da mídia), pressupondo a adoção de uma pedagogia da comunicação para garantir tratamento educomunicativo ao desenvolvimento de toda a grade curricular;

c) no âmbito *transdisciplinar* (para além e entre as disciplinas), favorecendo o uso dos recursos da comunicação nas múltiplas atividades didáticas na escola ou fora dela, através da pedagogia de projetos.

a) Âmbito administrativo

Sob o ponto de vista do âmbito administrativo, o que se espera das autoridades locais (gestores, diretores, coordenadores pedagógicos) é que, em primeiro lugar, favoreçam o cumprimento do que estabelece a própria norma que orienta a construção curricular do Ensino Médio, em termos de conteúdos curriculares; e, em segundo lugar, que se abram para as experiências que mostram a excelência de um ecossistema comunicativo participativo. Na prática, estas iniciativas não são fáceis de ser adotadas, levando em conta a tradição estabelecida de um ensino fragmentado e conteudístico que deve responder à demanda dos vestibulares.

É sabido que o planejamento educomunicativo depende, fortemente, da filosofia de educação que sustenta as decisões dos órgãos gestores: no ensino público, em termos regionais, das secretarias de educação e, em termos locais, da formação acadêmico-administrativa que orienta os diretores e coordenadores pedagógicos. Isso significa dizer que haverá maior ou menor dificuldade para se implementar os princípios e as práticas educomunicativas dependendo da figura que exerce liderança ou comando. Não que se possa afirmar que em ambientes rígidos e autoritários seja absolutamente inviável a adoção de uma proposta educomunicativa. Mas, sim, que existem limites interpostos pelo sistema de poder regional ou local. Em última instância, a pergunta é: que tipo de projeto é viável em determinado ambiente?

A resposta é dada pela perspectiva oferecida pela metodologia da pedagogia de projetos, caso seja capaz de encaminhar ações específicas em condições de entabular diálogos mesmo com ambientes hostis. No caso, é preferível um trabalho eficiente, no interior de uma sala de aula, envolvendo poucos alunos, sob o comando de um professor aberto ao diálogo, do que uma tentativa frustrada de mexer com as relações comunicativas em todo o espaço de uma escola rigidamente dirigida. Certamente, os exemplos de sucesso de pequenas experiências somadas ao êxito de outros projetos em execução nos outros ambientes farão a diferença numa avaliação institucional, abrindo as portas para futuros avanços. Temos por certo que, quando escolas em rede – algumas administradas por diretores mais conscientes das necessidades de mudanças – tiverem o que narrar e socializar, as estruturas, em seu conjunto, irão, aos poucos, se abrindo.

No espaço do Ensino Médio, existem razões suficientes – a partir da própria norma pedagógica sugerida pelo poder público – para que as direções e coordenações permitam novas experiências comunicativas, especialmente no caso das escolas de ensino integral. O que falta é o reconhecimento definitivo da necessidade do especialista educumunicador, capaz de assessorar gestores diretores, no espaço do microssistema escolar, a encontrar os projetos mais adequados para que se dê início à prática educomunicativa, a partir, naturalmente, do reconhecimento da potencialidade do corpo docente e do alunado local.

b) Âmbito do conteúdo disciplinar

No que diz respeito ao âmbito dos conteúdos disciplinares, existem duas propostas:

- *Em termos de conteúdo*: prever conteúdos e disciplinas sobre comunicação nas várias séries do Ensino Médio, abrangendo a história da comunicação, suas correntes teóricas, os tipos de linguagens e produtos, bem como os impactos das tecnologias sobre a vida contemporânea como objeto específico de ensino. O interessante seria a criação de disciplinas específicas para estes conteúdos.
- *Em termos de estratégia de ensino*: prever a adoção de uma pedagogia da comunicação para garantir tratamento educomunicativo a toda grade curricular.

A primeira proposta (tratamento curricular) já está plenamente contemplada nos parâmetros curriculares decorrentes da LDB. A criação de disciplina sobre comunicação no Ensino Médio envolve, em nível macro, decisões a serem tomadas pelos colegiados (por exemplo, o Conselho Nacional ou os Conselhos Estaduais de Educação) ou pelas próprias escolas, a partir da liberdade de que dispõem para a elaboração de seus currículos. Caso a criação de disciplina nova seja desaconselhável, uma pedagogia de projetos bem conduzida favorecerá o tratamento dos temas em outras disciplinas afins, como veremos no item c – âmbito transdisciplinar.

Já a segunda proposta – a adoção de uma pedagogia da comunicação – necessita de atenção redobrada por parte dos docentes no sentido de rever os procedimentos didáticos que tradicionalmente acompanham a administração de cada disciplina no Ensino Médio. Cabe a eles, em última instância, encontrar modelos que garantam tratamentos didáticos que levem em conta os princípios da educomunicação, os quais são, essencialmente: (a) as variadas formas de diálogo entre professores e alunos; e, em termos processuais, (b) a adequada introdução das tecnologias de forma a assegurar melhor entendimento dos conteúdos; e, mais a fundo, (c) uma mais criativa expressão dos próprios alunos na elaboração dos exercícios típicos de cada disciplina. No caso, a comunicação impressa, tradicionalmente privilegiada na elaboração dos trabalhos discentes, divide seu lugar com as demais formas de expressão, como a audiovisual e a digital.

c) Âmbito transdisciplinar

É no âmbito das práticas transdisciplinares que professores e alunos podem encontrar o mais amplo leque de possibilidades para o exercício da criatividade educomunicativa, mediante ações através de projetos.

A atividade mais previsível, por sua urgência, é a que possa favorecer uma adequada educação para a recepção midiática. Trata-se de um campo de atividade que tem larga tradição internacional (ainda que não possuam tradição consolidada entre nós, os programas intitulados de *Media Education* ou de *Media Literacy* estão amplamente documentados em textos disponíveis nos *sites* de busca).

Um segundo tipo de atividades no âmbito transdisciplinar são as oficinas de produção midiática, vinculadas tanto às disciplinas quanto a temas extracurriculares, de interesse para o aluno. Os resultados são produtos voltados para os temas transversais, em geral multidisciplinares, elaborados a partir de uma gestão colegiada e democrática dos recursos da informação. Os produtos finais são jornais, murais, programas de rádio, documentários em vídeo, *blogs*, peças de teatro, festivais de música, entre muitas outras modalidades de expressão.

No caso desses produtos, mais do que os conteúdos alcançados, são importantes as maneiras como foram processados.

3ª linha de ação – Estabelecer metas programáticas

Cabe ao profissional do campo ter clareza quanto às metas que deseja atingir. Um guia para classificar a natureza das ações é oferecido pelas denominadas "áreas de intervenção" do novo campo, já descritas em capítulo anterior, a saber:

1ª) a gestão comunicativa;

2ª) a educação para a comunicação;

3ª) a expressão comunicativa através das artes;

4ª) a mediação tecnológica na educação;

5ª) a pedagogia da comunicação, e

6ª) a reflexão epistemológica.

No caso dos projetos de caráter transdisciplinar, os vemos comumente acoplados a uma área de intervenção específica. Foi o que ocorreu com o *Projeto Educom.rádio*, na Secretaria de Educação do município de São Paulo. Senão, vejamos:

ÂMBITOS	ÁREAS DE INTERVENÇÃO	METAS
Âmbito administrativo	Gestão da comunicação nos espaços educativos	A) Os gestores da Secretaria de Educação: 1. Para solucionar problemas de violência, decidem capacitar 11 mil, entre professores, estudantes e membros das comunidades escolares, para o exercício do convívio. 2. Para tanto, contratam assessoria externa (o NCE-USP, entre 2001 e 2004). 3. Adquirem um *kit* de produção radiofônica para cada escola. 4. A Diretoria de Orientação Técnica (DOT) entendeu, em 2004, que a educomunicação deveria ser concebida como "prática de gestão", passando da área dos projetos especiais para o âmbito do currículo. 5. Uma lei aprovada na Câmara Municipal (*Lei Educom*) garante a continuidade do projeto, a partir de 2005. 6. As sucessivas administrações municipais, entre 2005 e a presente data, deram continuidade ao projeto, nomeando um coordenador e mantendo um fluxo de reforço na formação. B) O NCE-USP Responsabiliza-se pela formação dos membros de 455 escolas matriculados no projeto.
Âmbito disciplinar		Não consta. Através de uma pedagogia de projetos, as atividades são interdisciplinares.

Âmbito transdisciplinar	1º Pedagogia da comunicação. 2º Mediações tecnológicas. 3º Educação para a comunicação. 4º Expressão comunicativa através das artes.	Nas escolas do município, a prática educomunicativa é implementada através da pedagogia de projetos, privilegiando, no caso, a linguagem radiofônica acoplada ao uso das tecnologias digitais, tendo como objetivo uma análise crítica do sistema de comunicação, a começar por aquele presente na comunidade escolar. Para os alunos, a produção radiofônica e as demais práticas midiáticas eram percebidas como uma forma de expressão artística, levando em conta que as mesmas envolviam a estética.
	Reflexão epistemológica	Cinco pesquisas, entre dissertações e teses, foram defendidas sobre o Projeto Educom. rádio, no Brasil e no exterior.

4ª linha de ação – Formação do educador-educomunicador

Para que, no planejamento, sejam contemplados os âmbitos (o *administrativo*, o *disciplinar* e o *transdisciplinar*) de forma a cumprir adequadamente as metas estipuladas (*opções a partir da relação entre os âmbitos e as áreas de intervenção*), torna-se necessária a universalização de políticas de formação do docente, mediante:

a) programas de formação em serviço, presenciais e/ou a distância, a exemplo do Curso "Mídias na Educação", da Secretaria de Educação a Distância do MEC;

b) introdução dos estudos sobre a educomunicação nas Faculdades de Educação e de Comunicação (tanto em nível de especialização quanto de pós-graduação), e onde mais houver condições propícias, através de

c) cursos de graduação na área, à semelhança da Licenciatura, criada pela USP.

É interessante lembrar que quem primeiro introduziu o tema da formação foi o próprio governo federal, em ação que envolveu os participantes do encontro Mídia e Educação, realizado pelo MEC na cidade de São Paulo, em novembro de 1999. Na ocasião, os representantes de fundações, de mantenedoras de instituições de ensino superior, da mídia e de órgãos governamentais presentes no evento decidiram incluir nas conclusões do seminário que caberia às universidades que contassem com Faculdades de Educação e de Comunicação na iniciativa de formar um novo profissional. No encontro, estava presente e foi responsável por uma das palestras uma representante do NCE-USP, a Profa. Ângela Schaun, a quem coube apresentar os resultados da pesquisa do Núcleo sobre a inter-relação Comunicação/Educação. Passada uma década do encontro, é possível encontrar, em todo o país, programas de formação destinados a refletir sobre o conceito e seus caminhos. Pesquisas (dissertações e doutorados) vêm se multiplicando. *Sites* e *blogs* na internet tornam-se disponíveis. E – o que é mais importante – até mesmo o governo federal já instituiu o seu programa, traduzido no curso a distância Mídias na Educação, de caráter nacional, hoje sob a responsabilidade da Capes. Projetos como o Salto para o Futuro, do MEC, veiculado pela TV Brasil, têm demonstrado interesse em abordar o tema. Torna-se indispensável, no momento, que os governos estaduais e municipais se unam ao sistema universitário com experiência neste campo específico para criar seus próprios projetos de formação. Somente dessa forma novas oportunidades estarão abertas aos interessados, nos próximos anos.

5ª linha de ação – Modalidades de formação docente

Para garantir a perspectiva sistêmica na implementação da prática é preferível privilegiar os modelos de formação docente que possibilitem a partilha de conhecimentos e de experiências entre todos os membros da comunidade, envolvendo tanto os professores quanto os alunos. Foi o que propusemos, em São Paulo, com o *Educom.rádio*. A formação era oferecida, em cada escola, para uma equipe de 12 professores de várias áreas e disciplinas, 10 estudantes das várias séries e 5 membros da comunidade, com distintas funções na escola.

Ter o estudante e a comunidade nos processos formativos é de extrema relevância. Permite uma aproximação eficiente entre o educador e o universo do educando, ampliando o reconhecimento do aprendiz sobre o sistema educativo, tomado como um ecossistema sobre o qual se deve influir. Os jovens estão abertos a esta modalidade de formação compartilhada. É importante saber que, se de um lado aspiram pelos conteúdos que lhes serão cobrados nos concursos que terão de prestar pela vida afora, entre os quais o próprio vestibular, estão, por outro, absolutamente abertos às mudanças, e em especial àquelas que lhes garantam um aprendizado sobre como sobreviver e crescer – junto com os adultos – no mundo da comunicação e da informação.

Quanto aos professores – a quem se atribui resistência ao novo –, nossa experiência mostra, ao contrário, que são portadores de extrema sensibilidade. Graças a eles, os projetos têm conseguido manter-se e prosperar, mesmo diante de radicais mudanças administrativas e políticas.

O importante, no momento, é que a formação a ser propiciada assegure aos profissionais da educação domínio sobre a natureza do conceito e suas áreas de intervenção, de maneira a permitir que eles tenham segurança e motivação para levar sua prática ao cotidiano das escolas em todo o país.

Numa situação ideal, é de suma importância que cada escola possa contar não apenas com professores iniciados, mas que também disponha de um especialista no campo em condições de colaborar com os colegas e com o próprio corpo discente. Foi justamente pensando nesta hipótese que a Prefeitura de São Paulo criou a função do "professor-comunicador", definindo, mediante portaria do Secretário de Educação, metas para a presença deste docente nas escolas e planejando sua formação educomunicativa.

6ª linha de ação – Sobre os especialistas externos

Alguns sistemas educativos, diante da dificuldade de promover a formação de seus docentes, preferem contratar especialistas com atuação em outras modalidades de ensino, como da educação não formal, sob a responsabilidade das ONGs que desenvolvem projetos na relação Mídia e Educação.

Trata-se de uma opção adequada, levando em conta a urgência de se empreender mudanças nas grades curriculares. Confirma-se, dessa forma, o acerto de se chamar "quem já sabe fazer" para socializar seus conhecimentos com "quem deseja aprender". Falamos particularmente da possível colaboração que núcleos de pesquisa e extensão de universidades ou, mesmo, organizações não governamentais e seus respectivos especialistas possam oferecer às redes de ensino no campo do trabalho com a mídia. Espelhamo-nos, por exemplo, no trabalho que as organizações vinculadas à Rede CEP vêm desenvolvendo – em acordos com o poder público local – junto a professores e estudantes de escolas de Ensino Fundamental e Médio em numerosas cidades brasileiras, entre as quais São Paulo, Rio de Janeiro, Niterói, Curitiba,

Salvador, Santarém, Fortaleza, Campina Grande, Recife e Belo Horizonte, entre outras.[2]

Ainda uma palavra

Ainda temos pela frente um longo caminho a percorrer para que uma relação otimizada entre a comunicação e a educação se torne um prática cotidiana nas escolas e demais espaços educativos, sendo necessário, para tanto, formular políticas específicas e destinar recursos, associando tais iniciativas a programas aprimorados de gestão, a fim de que projetos de inovação tenham tempo de florescer, adquirir consistência e produzir efeitos sociais e educacionais benéficos e prolongados.

Se o caminho é longo, o tempo se faz cada vez mais curto. Mãos à obra!

---

[2] Ver casos concretos de assessorias bem-sucedidas, descritos nos capítulos do livro *Educomunicar*, disponível em: <http://www.redecep.com.br>.

9. Um ponto de partida

Concluímos o livro propondo um diálogo com o poder público, o mundo universitário e as redes públicas e privadas de educação formal voltadas ao Ensino Médio. O intuito do trabalho é o de contribuir com o Ministério da Educação em seu esforço no sentido de valorizar e atualizar esta modalidade de formação da juventude brasileira.

Apresentamos a educomunicação a partir das pesquisas do Núcleo de Comunicação e Educação da USP, tendo como referência a contribuição que a comunicação e as tecnologias da informação podem oferecer para acelerar os processos de renovação dos paradigmas que regem as relações humanas no espaço educativo, nas diversas modalidades de convívio entre direção, professores e alunos.

Temos certeza de que o debate em torno do tema da reforma do Ensino Médio sob esta nova ótica propiciará que muitas iniciativas já em andamento possam vir a ser conhecidas, contribuindo, dessa forma, para uma troca mais profunda de experiências, gerando, em última instância, a legitimação e a difusão mais consistente da nova prática.

A educomunicação fala de relacionamento, liderança, diálogo social e protagonismo juvenil. Posiciona-se, de forma crítica, ante o individualismo, a manipulação e a competição. A cidadania vencendo a ditadura do mercado: é o que ela busca, transformando as oportunidades oferecidas pelas novas tecnologias em instrumentos de solidariedade e crescimento coletivo.

Nesse sentido, o novo conceito, tanto como paradigma quanto como procedimento, coloca-se a favor do professor que alimenta o ideal de contribuir para que profundas mudanças na realidade pessoal e comunitária de seus estudantes se tornem possíveis, a partir de um Ensino Médio renovado.

Aqui fica a homenagem a todos os mestres que se interessarem pela leitura deste livro, na esperança de que os próximos capítulos sejam o relato de suas histórias pessoais, na luta para melhoria do ensino no Brasil, possivelmente, com o auxílio da educomunicação.

Referências bibliográficas

1. Educomunicação

BACCEGA, Maria Aparecida. Comunicação, educação e linguagem. In: SOARES, Ismar Oliveira (coord.). *Caminhos da educomunicação*. 2. ed. São Paulo: Salesianas, 2003. pp. 53-62.

BONFIGLIOLI, Cristina Pontes. *Discurso ecológico*: a palavra e a fotografia no Protocolo de Kyoto. 2008. Tese (Doutorado)–Escola de Comunicações e Artes, Universidade de São Paulo, São Paulo, 2008.

BRAGA, Jose Luiz; CALAZANS, Regina. *Comunicação & Educação*: questões delicadas na interface. São Paulo: Hacker, 2001.

BRUNI, Isabella. *L'educomunicazione brasiliana sulle onde della radio. Analisi di caso*. La Sapienza Università di Roma, Anno accademico 2008-2009.

CITELLI, Adilson; CHIAPPINI, Ligia (coord.). *Outras linguagens na escola*. São Paulo: Cortez, 2000. (Aprender e Ensinar com Textos, 6).

COSTA, Maria Cristina Castilho. Educomunicar é preciso!. In: SOARES, Ismar Oliveira (coord.). *Caminhos da educomunicação*. 2. ed. São Paulo: Salesianas, 2003. pp. 47-52.

FREIRE, Paulo. *Pedagogia da autonomia*: saberes necessários à prática educativa. Rio de Janeiro: Paz e Terra, 1997.

ITO, Mizoku et al. *Linving and learning with new media*: final report. Berkley, CA: MacArthur Foudation, 2008.

LÉVY, Pierre. *As tecnologias da inteligência*: o futuro do pensamento na era da informática. Rio de Janeiro: Ed. 34, 1993.

LIMA, Rafaela Pereira (org.). *Mídias comunitárias, juventude e cidadania*. Belo Horizonte: Autêntica, 2006.

MARTÍN-BARBERO, Jesús. *La educación desde la comunicación*. Buenos Aires: Grupo Editorial Norma, 2002.

_____. Heredando el futuro. Pensar la educación desde la comunicación. *Revista Nómadas*, Bogotá: Universidad Central, 1996.

PASSARELLI, Brasilina et al. *Coleção Acessa Escola 2009*. São Paulo: Núcleo de Pesquisa das Novas Tecnologias de Comunicação Aplicadas à Educação Escola do Futuro/USP, 2009.

PENTEADO, Heloisa Dupas (org.). *Pedagogia da comunicação*. São Paulo: Salesiana, 2002.

PERRONE, Vito. Os desafios de ensinar para a compreensão. *Revista Pátio*, Porto Alegre: Artmed, ano XII, n. 49, fev./abr. 2009.

PRÓSPERO, Daniele. *A formação de jovens protagonistas em projetos de jornalismo comunitário em São Paulo*. São Paulo: PUC, 2005.

ROSSETTI, Fernando. *Educação, comunicação & participação:* perspectivas para políticas públicas. Brasília: Unicef, 2004.

SILVA, Dilma de Melo. Psicodrama pedagógico: linguagens teatrais para inclusão social. *Arte e Cultura da América Latina*, São Paulo, v. XII, n. 1, p. 76.

SIQUEIRA, Juliana Maria de. Quem educará os educadores? A Educomunicação e a formação de docentes em serviço. Dissertação Mestrado – Escola de Comunicações e Artes, Universidade de São Paulo, São Paulo, 2009.

RAMOS, Pablo. *Tres décadas de Educomunicación en América Latina:* los caminos desde el Plan DENI. Quito: OCLACC, 2002.

SOARES, Ismar de Oliveira. *Para uma leitura crítica dos jornais.* São Paulo: Paulinas, 1984.

_____. (org.). *Para uma leitura crítica da publicidade.* São Paulo: Paulinas, 1988.

_____. (org.). *O jovem e a comunicação.* São Paulo: Paulinas, 1992.

_____. Analista e gestor de processos comunicacionais. In: BACCEGA, Maria Aparecida. *Comunicação e cultura:* um novo profissional. São Paulo: CCA/ECA-USP, 1993. pp. 23-29.

_____. Bacharelado em Gestão de Processos Comunicacionais, por uma nova opção profissional na relação Comunicação/Movimento Popular/Sociedade. *Tecnologia Educacional,* ABT/ Rio de Janeiro, pp. 42-48, jul./out., 1993a.

_____. A nova LDB e a formação de profissionais para a inter-relação Comunicação/Educação. *Comunicação e Educação,* São Paulo, Moderna, n. 2, pp. 11-18, 1995.

_____. *Sociedade da informação ou da comunicação?* São Paulo: Cidade Nova, 1996.

_____. Comunicação social e educação: entre o mercado e a cidadania. In: SOARES, Ismar de Oliveira; GOTLIEB, Liana. *Comunicação e plano decenal de educação:* rumo ao ano 2003. Anais do III Simpósio Brasileiro de Comunicação e Educação. São Paulo: ECA/Faculdades Claretianas, 1996a. pp. 13-21.

_____. Los grandes desafios de la globalización: intervenciones. In: III ENCUENTRO LATINOAMERICANO DE LA RED JÓVENES COMUNICADORES. *Solidariedad:* um desafio ético en la cultura de la comunicación. Lima, Peru, 1996b. p. 22.

_____. A comunicação no espaço educativo: possibilidades e limites de um novo campo profissional. In: LOPES, Maria Immacolata Vassalo de. *Temas contemporâneos em comunicação.* São Paulo: Edicom/Intercom, 1997, pp. 209-220.

_____. Comunicação/Educação: a emergência de um novo campo e o perfil de seus profissionais. *Contato,* Brasília, ano 1, n. 1, pp. 19-74, jan./mar. 1999.

_____. Educomunicação: um campo de mediações. *Comunicação & Educação*, São Paulo, CCA/ECA-USP/Editora Segmento, ano VII, n. 19, pp. 12-24, set./dez. de 2000.

_____. La Comunicación/Educación como nuevo campo de conocimiento. In: VALDERRAMA, Carlos Eduardo. *Comunicación-Educación, coordinadas, abordajes y travesías*. Bogotá: Universidad Central, 2000. pp. 27-47.

_____. Educomunicación: comunicación y tecnologías de la información en la reforma se la enseñanza americana. *Diálogos de FELAFACS*, Lima, Peru, nn. 59-60, pp. 137-152, octubre 2000a.

_____. Educação para os meios nos Estados Unidos. *Fronteiras, Estudos Mediáticos*, São Leopoldo/Unisinos, v. 1, n. 1, pp. 71-93, dez. 2000.

_____. Educommunication: an emerging new field. *Telemedium*, Madison/USA, v. 46, n. 1, p. 5, Spring 2000b.

_____. Educomunicação: as perspectivas do reconhecimento de um novo campo de intervenção social: o caso dos Estados Unidos. In: ECCOS, São Paulo, v. 2, n. 2, pp. 61-80, dez. de 2000c.

_____. (org.). Caminhos da Educomunicação na América Latina e nos Estados Unidos. In: *Caminhos da Educomunicação*. São Paulo: Salesianas, 2001. pp. 35-46.

_____. *Media Education in Brazil*. Paper apresentado no 3rd World Summit on Media for Children (Thessaloniki, Greece). São Paulo: UAM, 2001a.

_____. Educomunicación: un concepto y una práctica de red y relaciones. In: *Redes Gestión y Ciudadanía*. Quito, Equador, 2001b. pp. 37-52.

_____. Caminos de la educomunicación: utopías, confrontaciones, reconocimientos. In: APARICI, Roberto (org.). *Educomunicación: más allá del 2.0*. Barcelona: Editorial Gedisa, 2001c. pp. 129-150.

_____. Educomunicazione. In: LEVER, Franco; RIVOLTELA, Píer Césare; ZANACCHI, Adriano (coord.). *La Comunicazione, il Dizionario di Scienze e Tecniche*. Roma: Elledici, 2002. pp. 1.247 e ss.

_____. Gestão comunicativa e educação: caminhos da educomunicação. In: *Comunicação & Educação*, São Paulo, ECA/USP/Editora Segmento, ano IX, n. 23, pp. 16-25, jan./abr. 2002a.

_____. NCE da USP forma primeiros Educomunicadores do Município de São Paulo. *Comunicação & Educação*, São Paulo, ECA/USP/Editora Segmento, ano IX, [n. 23], pp. 111-115, jan./abr. 2002b.

_____. Contra a violência: educação para a mídia e tecnologia educacional de um ponto de vista latino-americano. In: VON FEILITIZEN, C.; CARLSSSON, U. (org.). *A criança e a mídia*: imagem, educação, participação. São Paulo: Cortez/Unesco, 2002c. pp. 50-60.

_____. Distributed Learning (a gestão da universidade virtual nos Estados Unidos). *Nexus:* estudos de comunicação e educação. São Paulo: UAM, pp. 25-43, 2002d.

_____. EAD como prática educomunicativa. *Revista da USP*, n. 55, pp. 56-69, nov. 2002e.

_____. Gestão da Comunicação no espaço educativo: possibilidades e limites de um novo campo profissional. In: BACCEGA, M. Aparecida. *Gestão de processos comunicacionais*. São Paulo: Atlas, 2002. pp. 115-149.

_____. Educomunicação e cidadania: a construção de um campo a partir da prática social. In: PERUZZO, Cicília Maria Krohling; ALMEIDA, Fernando Ferreira de (org.). *Comunicação para a cidadania*. Salvador: Intercom/UINEB, 2003. p. 22.

_____. "Venha ser um Educomunicador você também". *Nós da Escola*, Rio de Janeiro, v. 9, p. 22, fev. 2003a.

_____. A busca da natureza dialógica da educomunicação. In: GOTTLIEB, Liana (org.). *Comunicação e mercado*. São Paulo: Iglu Editora, 2004. pp. 35-42.

_____. *Educommunication*. São Paulo: NCE/UCIP, 2004a.

_____. A educomunicação como processo de gestão comunicativa. In: FÍGARO, Roseli (org.). *Gestão da Comunicação*: no mundo do trabalho, educação, terceiro setor e cooperativismo. São Paulo: Atlas, 2005. pp. 37-49.

_____. Educommunication: concept and aim. *Media Challenges amidst Cultural And Religious Pluralism*, Genebra, v. 1, pp. 113-116, 2005a.

_____. NCE: a trajetória de um Núcleo de Pesquisa na USP. *Comunicação & Educação*, São Paulo, ECA-USP/Paulinas, ano X, n. 1, pp. 31-40, jan./abr. 2005b.

_____. TV e qualidade: a revolução virá com as crianças e jovens. *Presente*: revista de Educação, Salvador, v. 1, 2005c.

_____. Educom.rádio, na trilha de Mario Kaplún. In: MARQUES DE MELO, José et al. *Educomidia*: alavanca da cidadania. São Bernardo do Campo: Umesp, 2006.

_____. Rádio na escola: a palavra viva. *Carta Capital*, São Paulo, n. 9, 2006a.

_____. A mediação tecnológica nos espaços educativos: uma perspectiva educomunicativa. *Comunicação & Educação*, São Paulo: ECA-USP/Paulinas, ano XII, n. 1, pp. 31-40, jan./abr. 2007a.

_____. A ECA/USP e a educomunicação: a consolidação de um conceito, em dezoito anos de trabalho. *Comunicação & Educação*, São Paulo: ECA-USP/Paulinas, ano XIII, n. 2, pp. 39-52, maio/ago. 2007a.

_____. El derecho a la pantalla: de la educación a los medios a la educomunicación en Brasil. *Comunicar*, Huelva, España, 30, XV, pp. 87-92, 2008.

_____. Caminos de la educomunicación: utopías, confrontaciones, reconocimientos. *Nómadas*, Bogotá, n. 30, pp. 194-207, abr. 2009.

_____; FERRAZ, Luci. Voluntários, terceiro setor e Gestão da Comunicação. In: COSTA, Maria Cristina. *Gestão da Comunicação*: terceiro setor, organizações não governamentais, responsabilidade social e novas formas de cidadania. São Paulo: Atlas, 2006.

2. Juventude e Ensino Médio

ABRAMO, Helena Wendel; BRANCO, Pedro Paulo Martoni (org.). *Retratos da juventude brasileira*: análises de uma pesquisa nacional. São Paulo: Perseu Abramo, 2005.

ABRAMO, Helena. *Cenas juvenis*: *punks* e *darks* no espetáculo urbano. São Paulo: Scritta, 1994.

ABRAMOVAY, Miriam; CASTRO, Mary Garcia. *Ensino Médio*: múltiplas vozes. Brasília: Unesco/MEC, 2003.

ABRAMOVAY, Miriam et al. *Juventude, juventudes*: o que une e o que separa. Brasília: Unesco, 2006.

BRASIL. Ministério da Educação. *Resolução n. 4*, de 16 de agosto de 2006. Brasília: Conselho Nacional de Educação, ago. 2006.

BRASIL/MEC. LEI n. 9.394, de 20/12/96. *Lei de Diretrizes e Bases da Educação Nacional*.

BRASIL/MEC/INEP. *Censo Escolar*. Anos 1997 e 1998.

BRASIL/MEC/INEP. *Plano Nacional de Educação*. Proposta do Executivo ao Congresso Nacional. Brasília: MEC/Inep, 1998.

CASTRO, Jorge Abrahão; AQUINO, Lusenil M. C.; ANDRADE, Carla Coelho. *Juventude e políticas sociais no Brasil*. Brasília: Ipea, 2009.

CHIECO, Nacim W. O Ensino Médio. In: SILVA, Eurides Brito da. *A Educação Básica Pós-LDB*. São Paulo: Pioneira, 1998.

CONSTANTINO, Luciana. 1,4 milhão de jovens larga o Ensino Médio. *Folha de S. Paulo*, São Paulo, 24 mar. 2006.

CORROCHANO, Maria Carla et al. *Jovens e trabalho no Brasil*: desigualdades e desafios para as políticas públicas. São Paulo: Ação Educativa, 2008.

GOMES DA COSTA, Antônio Carlos. *Protagonismo juvenil*: adolescência e participação democrática. Salvador: Fundação Odebrecht, 2000.

GRACIANI, Graziela Santos. *Protagonismo juvenil e desenvolvimento local*. Apostila do Programa de Formação Continuada a Distância. São Paulo, 2003.

NOVAES, Regina. Juventudes cariocas: mediações, conflitos e encontros culturais. In: VIANNA, H. (org). *Galeras cariocas*: territórios de conflitos e encontros culturais. Rio de Janeiro: UFRJ, 1997.

REIS, Letícia Isnard Graell. Jovens em situação de risco social. In: ALVIM, Rosilene; GOVEIA, Patrícia. *Juventude anos 90*: conceitos, imagens, contextos. Rio de Janeiro: Contra Capa Livraria, 2000.

SPOSITO, Marilia Pontes. Algumas reflexões e muitas indagações sobre as relações entre juventude e escola no Brasil. In: ABRAMO, Helena Wendel; BRANCO, Pedro Paulo Martoni (org.). *Retratos da juventude brasileira*: análises de uma pesquisa nacional. São Paulo: Perseu Abramo, 2005.

SPOSITO, Marilia Pontes. *Jovens no Brasil*: desigualdades multiplicadas e novas demandas políticas. São Paulo: Ação Educativa, 2003.

TUFTE, Thomas; ENGHEL, Florencia (ed.). *Youth Engaging with the World: Media, Communication and Social Change*. Sweden: Unesco/Nordicom, 2009.

UNESCO. *Relatório de Monitoramento de Educação para Todos*. Brasil, 2008.

Endereços eletrônicos

ARTIGOS sobre educomunicação, disponíveis em: <http://www.usp.br/nce>.

INSTITUTO NACIONAL DE ESTUDOS E PESQUISAS EDUCACIONAIS. Relatório Final ENEM 2003. Brasília, abr. 2004. Disponível em: <http://www.inep.gov.br/download/enem/2004/relatorio_final_ENEM2003.pdf>

PESQUISA *Geração Interativa na Ibero-América*: crianças e adolescentes diante das telas. Disponível em: <http://www.educarede.info/biblioteca/LivroGGII_Port.pdf>.

REDE CEP – *Educomunicar*, 2008. Disponível em: <http://www.redecep.org.br>.

Impresso na gráfica da
Pia Sociedade Filhas de São Paulo
Via Raposo Tavares, km 19,145
05577-300 - São Paulo, SP - Brasil - 2014